¡Qué gran mayordomía nos concede Dios cuando nos da hijos! Oímos muchas voces del mundo diciéndonos cómo debemos manejar esta responsabilidad. El tratamiento que Justin Miller hace de este tema es uno que recomiendo especialmente, en contraste con lo que ahora se conoce como «crianza respetuosa». ¿Por qué? Porque nos regresa a la Biblia, a las palabras de Aquel que nos ha dado a nuestros hijos y que nos pedirá cuentas por sus almas al final.

—Dr. Conrad Mbewe
Pastor de *Kabwata Baptist Church*
Canciller fundador de *African Christian University* en Lusaka, Zambia

Cuando éramos padres cristianos jóvenes con hijos pequeños, las personas en nuestros círculos devoraba libros tales como *Cómo pastorear el corazón de tu hijo* de Tedd Tripp, *No rehúses el corregir* de Bruce Ray, y escuchaban enseñanzas de Al Martin sobre cómo criar hijos bíblicamente. Generalmente, no veo el mismo interés ni el mismo anhelo entre los padres cristianos jóvenes de la actualidad. Parece que muchos en la generación más joven, incluso aquellos en iglesias sólidas, están optando por modelos sociales populares. Crianza natural. Crianza de «helicóptero». Crianza de «libre pastoreo». Crianza «quitanieves». Quienes conocen estos términos saben que esos estilos de crianza están llenos de problemas. Son radicalmente centrados en el niño, generalmente pasivos y se basan en suposiciones erradas sobre el rol de los padres. Pero ahora existe la llamada «crianza respetuosa». ¿Qué podría estar mal con la crianza respetuosa? Suena bien. La mansedumbre es un fruto del Espíritu. Suena como una mejora respecto a generaciones anteriores. «No tan rápido», dice Justin Miller. Justin define hábilmente este modelo de crianza, lo analiza y demuestra que no alcanza, ni remotamente, los estándares bíblicos para la formación de los hijos. Luego, de manera precisa y concisa, ofrece un maravilloso resumen de la crianza bíblica. Este pequeño libro es un llamado urgente a volver a criar a nuestros hijos conforme a la Palabra de Dios y a rechazar este modelo popular pero no bíblico. Mi oración es que este breve y accesible libro sea usado por Dios para ayudar a los padres cristianos jóvenes a regresar a un enfoque de crianza gobernado por la suficiencia de las Escrituras, impulsado por la oración por sabiduría divina, para la gloria de Dios y el bien de nuestros hijos.

—Dr. Brian Borgman
Pastor de *Grace Community Church* en Minden, Nevada
Autor de *Don't Waste Your Breath* [*No desperdicies tu aliento*]

Los modelos de crianza de la psicología moderna están, sencillamente, en bancarrota desde su raíz. Lo que necesitamos hoy es regresar a la autoridad y suficiencia de las Escrituras en asuntos de vida familiar, crianza de los hijos y disciplina. Por encima de todo, nuestros hijos deben comprender que han violado la ley de Dios y que necesitan el evangelio. La crianza bíblica, en su esencia, es una crianza centrada en el evangelio. Al enfocarse en la autoridad bíblica, el paradigma de Dios como Padre perfecto, la centralidad de la adoración familiar y la necesidad de llegar al corazón, Miller analiza hábilmente la crianza respetuosa y ofrece, en su lugar, el modelo sabio, práctico y lleno de amor de la Palabra de Dios.

—Dr. Joel R. Beeke
Canciller de *Puritan Reformed Theological Seminary*
Autor de *Parenting by God's Promises* [*Crianza por las promesas de Dios*]

Si haces la pregunta incorrecta, siempre obtendrás la respuesta equivocada. Justin Miller examina con destreza el enfoque moderno de la crianza respetuosa al plantear las preguntas correctas sobre la crianza, la autoridad y la naturaleza de la relación entre padres e hijos, tal como la presenta la Escritura. Este breve libro será de gran utilidad para padres cristianos o para todo aquel que quiera conocer lo que enseña la Biblia sobre la crianza piadosa. Doy gracias a Dios porque mi amigo, Justin Miller, ha abordado este tema tan oportuno.

—Dr. Sam Waldron
Presidente de *Covenant Baptist Theological Seminary*
Pastor de *Grace Reformed Baptist Church* en Owensboro, Kentucky

Justin expone con agudeza cómo los defensores de la «crianza respetuosa» o «crianza dirigida por el niño» han caído de lleno en un mundo imaginario, como el agujero del conejo en *Alicia en el país de las maravillas*, lleno de distorsiones mareantes de la verdad. Allí, los supuestos expertos que guían el camino intentan convencernos de que la autoridad parental, la disciplina, el castigo y las consecuencias son crueles y dañinas, mientras que la autonomía, los sentimientos, las preferencias y la libertad del niño deben ser las prioridades supremas. El análisis cuidadoso de Miller es como una «pastilla roja» que despierta a los padres, ayudándoles a reconocer el silbido de la serpiente: «¿Conque Dios les ha dicho…?» (Gn 3:1), y la voz del «asesino y mentiroso» (Jn 8:44) que quiere destruir a nuestros hijos. Adquiérelo y léelo.

—Mark Chanski
Coordinador de *Reformed Baptist Network*
Autor de *Encouragement: Adrenaline for the Soul* [Ánimo: Adrenalina para el alma]; *Manly Dominion* [Dominio masculino]; *Womanly Dominion* [Dominio femenino]

Este libro hace un excelente trabajo al explicar de manera justa el fenómeno de la crianza respetuosa, a la vez que expone sus presupuestos no bíblicos. El autor muestra con razón su preocupación por el hecho de que los padres cristianos están siendo influenciados por supuestos expertos en crianza que rechazan la autoridad bíblica y no entienden la verdadera naturaleza de nuestros hijos: que han sido creados a imagen de Dios, que su propósito es glorificar a Dios, que su problema es el pecado, y que la única solución es la redención en Cristo. Por eso, su enfoque de crianza está profundamente equivocado y resulta perjudicial. Además de criticar la crianza respetuosa, este libro busca también presentar un enfoque bíblico positivo para la crianza, que combine la disciplina amorosa con una instrucción centrada en el evangelio.

—Dr. Jim Newheiser
Profesor de Consejería Cristiana en el *Reformed Theological Seminary* en Charlotte, NC
Director Ejecutivo del IBCD (*The Institute for Biblical Counseling and Discipleship*)

El lado no tan amoroso de la crianza respetuosa llega justo a tiempo. ¿Quién podría estar en contra de la mansedumbre y el respeto en la crianza? ¿Acaso no es la mansedumbre un requisito bíblico para los padres y una manifestación de la llenura del Espíritu Santo? Justin Miller nos ha hecho un gran favor al exponer los problemas del creciente movimiento de la crianza respetuosa, el cual ha redefinido la crianza, e incluso la naturaleza humana misma, mientras deja fuera otros elementos indispensables que son mandamientos directos de las Escrituras. Es un caballo de Troya dentro de la iglesia. Los padres, en su deseo de encontrar esa «bala de plata», ese nuevo enfoque que lo solucione todo, suelen estar vulnerables a falsas enseñanzas. Piensan que una nueva técnica los llevará al siguiente nivel. Así es el mercado de libros cristianos sobre crianza: una ola tras otra de enfoques creativos que usan una terminología novedosa, pero no bíblica, con la promesa de que sus hijos serán felices y equilibrados. Tristemente, el movimiento de la crianza respetuosa logra lo contrario. Es, en realidad, descendiente de Rousseau, el Dr. Spock, Sigmund Freud, Carl Rogers y del rechazo moderno a la suficiencia de las Escrituras, lo cual ha dado lugar a ideas falsas y mundanas sobre la misericordia y la compasión. Tengo decenas de libros modernos sobre la crianza. Casi todos están desligados de la Biblia. El tema decisivo para la iglesia en la actualidad es la suficiencia de las Escrituras. La primera parte de este libro expone y refuta la crianza respetuosa; la segunda parte presenta lo que realmente dicen las Escrituras. Justin resume: «Aceptar la filosofía de la crianza respetuosa es negar la Biblia como guía suficiente para criar a tus hijos». No minimices el peligro creciente de este movimiento: el *hashtag* **#gentleparenting** [#crianzarespetuosa] tiene 2.8 mil millones de vistas en TikTok.

—Scott T. Brown
Pastor de *Hope Baptist Church*, Wake Forest, NC
Presidente *Church & Family Life*

EL LADO NO TAN AMOROSO DE

LA CRIANZA RESPETUOSA

Un llamado bíblico
a los padres

JUSTIN L. MILLER

El lado no tan amoroso de la crianza respetuosa
Un llamado bíblico a los padres

Copyright ©2025 por Justin L. Miller

Todos los derechos reservados. Ninguna parte de este libro podrá ser utilizada ni reproducida, en ninguna forma ni por ningún medio, sin el permiso previo por escrito, excepto en el caso de breves citas incluidas en artículos críticos o reseñas.

Directora de proyecto y traducción: Nedelka Medina
Editor coordinador: Rudy Ordoñez Canelas
Diagramación y diseño de portada: David Studios

Publicado por:
Publicaciones Gracia Sobre Gracia
Email:publicacionesgraciasobregracia@gmail.com

Las citas bíblicas, a menos que se indique lo contrario, son tomadas de la Biblia, La Nueva Biblia de las Américas. Usado con permiso. Todos los derechos reservados.

ISBN: 979-8-9931620-0-3

ACERCA DEL AUTOR

Justin L. Miller es esposo, padre, pastor y, lo más importante, discípulo del Señor Jesucristo. Tiene un doctorado en ministerio del *Whitefield Theological Seminary* en Lakeland, Florida; una maestría en teología del *Union School of Theology* en Bridgend, Gales (afiliado a *The Open University*); una maestría en divinidad del *Liberty Baptist Theological Seminary* en Lynchburg, Virginia; y una maestría en contabilidad de *Southern Illinois University* en Carbondale. Es director de *Savoring the Savior Books* y autor de varios libros, entre ellos: *William Perkins on Pastoral Theology*, *Ruin and Redemption* [*La ruina y la redención*], *What is Faith?* [¿Qué es la fe], *Unity with Rome?* [¿Unida con Roma], *John Owen on Pastoral Preaching* [*John Owen y la predicación pastoral*], *A Family Journey Through Doctrine* [*Un viaje familiar por la doctrina*], *True Worship* [*Verdadera adoración*] y *Stop Worrying, He Reigns* [*No te preocupes, Él reina*].

DEDICATORIA

A Cristo, mi Rey: mi corazón es y siempre será Tuyo por Tu bondadosa gracia.

A mi esposa e hijos: que nuestro hogar, únicamente por la gracia de Dios, sea siempre un lugar lleno del amor de Dios y del temor del Señor, gobernado por Su Palabra. JoDawn, no podría haber llevado a cabo gran parte de lo que el Señor me ha encomendado sin tu ánimo y apoyo en Cristo Jesús. Te amo, mi hermosa esposa, mi mejor amiga, mi amada.

Al pastor Buddy, mi copastor y amigo: tu piedad, sabiduría y ánimo me han impulsado a seguir con fidelidad a Cristo en la iglesia y en el ministerio. Doy gracias a Dios por tu amistad y tu amor por la iglesia de Cristo.

Al pastor Chad Chauvin: gracias por tu ayuda y sabiduría en las etapas finales de este trabajo.

Al pastor Jeffrey D. Johnson: estoy agradecido por tu ministerio, tu ánimo para abordar este tema, y tu fiel y perseverante ejemplo de piedad en el ministerio, que me ha influenciado a mí y a muchos otros pastores para bien, para la gloria de Cristo.

CONTENIDO

Prólogo 15

1. La importancia de la familia y la crianza bíblica 17
2. Definición de la crianza respetuosa 31
3. Crítica a la crianza respetuosa 53
4. Resumen del enfoque bíblico para la crianza de los hijos 71
5. El punto central del asunto: La suficiencia de la Escritura para el padre cristiano 91

Anexo uno 105
El temor del SEÑOR es el principio de la sabiduría
(*Especialmente la sabiduría para la crianza de los hijos*)

Anexo dos 123
La adoración familiar explicada más a fondo
(*Una guía práctica para la adoración familiar*)

Otros títulos de *Gracia sobre Gracia* 136

PRÓLOGO

En su carta a los Romanos, el apóstol Pablo nos exhorta a no vivir según las corrientes de este mundo (Ro 12:2), sino más bien, a permitir que la Palabra de Dios transforme nuestra manera de pensar. El problema es que no siempre resulta fácil identificar esas corrientes de pensamiento a las que no debemos amoldarnos. Necesitamos discernimiento para reconocer ideas y prácticas que, aunque puedan parecer amorosas y compasivas, no tienen su raíz en la Palabra de Dios, sino en los postulados filosóficos de una cultura que ha perdido su brújula moral.

Una de esas corrientes es lo que hoy se conoce como «Crianza respetuosa», una filosofía de paternidad que, en nombre del amor y el respeto al niño, ha terminado por desplazar la autoridad de Dios y exaltar la del propio niño.

Por supuesto, nadie está en contra de la ternura, la paciencia o el trato amoroso en la crianza de los hijos. La misma Escritura nos enseña que el amor «es paciente» y «es bondadoso» (1Co 13:4), y que los padres no deben provocar ira a sus hijos (Ef 6:4). Pero, como bien señala Justin Miller en esta obra, una cosa es ser tierno, y otra muy distinta es renunciar al rol que Dios nos ha dado como formadores del carácter de nuestros hijos. La «Crianza respetuosa» no es solo un método de crianza, sino una cosmovisión. Y como toda cosmovisión, conlleva una teología implícita: una visión sobre quién es el ser humano, cuál es su necesidad fundamental y cuál es el camino hacia su verdadero bienestar.

Agradezco profundamente a Justin Miller por la valentía y la claridad con que ha escrito este libro. En una época en la que cualquier cuestionamiento a las ideas populares es visto como insensible o incluso abusivo, él ha levantado su voz para recordarnos que nuestros hijos no necesitan ser idolatrados, sino guiados. No necesitan que rindamos culto a su voluntad, sino que les mostremos el camino de la sabiduría y de la vida.

Lejos de motivarnos a tratar con dureza a nuestros hijos, esta obra es una defensa firme del diseño divino para la familia, tal como ha sido revelado en las Escrituras, y una exhortación amorosa a no dejarnos arrastrar por una cultura que ha perdido el sentido del bien y del mal, y que ahora pretende formar ciudadanos del cielo dejando de lado la autoridad suprema de nuestro Señor y Salvador.

Recomiendo esta obra con convicción y esperanza: con la convicción de que dice lo que muchos necesitan oír, y con la esperanza de que muchos volverán a centrar la crianza de sus hijos no en las emociones del niño, sino en la Palabra de Dios y en el evangelio de Jesucristo.

Dr. Sugel Michelén
Pastor *Iglesia Bíblica del Señor Jesucristo*
Santo Domingo, República Dominicana

CAPÍTULO UNO

LA IMPORTANCIA DE LA FAMILIA Y LA CRIANZA BÍBLICA

La familia es el tejido de la sociedad (Gn 2:24). Tal como va la familia, así van un pueblo y una nación. Génesis 2:24 declara: «Por tanto, el hombre dejará a su padre y a su madre, y se unirá a su mujer, y serán una sola carne». Sabemos que Dios instituyó el matrimonio y la familia en Génesis 2:24 como parte del cumplimiento del mandato de ser fecundos y multiplicarse (dado en Gn 1:28). La familia fue diseñada por Dios antes de la caída para ser el fundamento de la civilización. En Éxodo 20:12 leemos el quinto mandamiento, que es el primero de la segunda sección de los Diez Mandamientos, la que trata sobre cómo debemos relacionarnos con el prójimo. Este mandamiento, el primero mencionado en la sección de «amarás a tu prójimo», parte de la ley moral, es una orden para que los hijos honren a sus padres.

Kevin DeYoung escribe en su libro *The 10 Commandments* [*Los 10 mandamientos*]: «Los cristianos siempre han entendido que este mandamiento no trata solo de padres e hijos, sino que establece un modelo para toda relación de autoridad en nuestras vidas».[1] DeYoung señala una realidad crucial: que la *estructura de autoridad*

---

[1] Kevin DeYoung, *The 10 Commandments* [*Los Diez Mandamientos*] (Wheaton, IL: Crossway, 2018), 90.

existe dentro del contexto familiar, y es precisamente allí, en el hogar, donde los niños (quienes son portadores de la imagen de Dios), deben aprender a vivir correctamente bajo autoridad en el mundo de Dios. La familia es el lugar donde los hijos crecen, son formados, y enviados para reflejar la gloria de Dios como seres hechos a Su imagen. Incluso leemos el profundo comentario de Pablo sobre Génesis 2:24 en Efesios 5:32: «Grande es este misterio, pero hablo con referencia a Cristo y a la iglesia».

El matrimonio fue establecido para representar a Cristo y Su iglesia. La familia no solo es crucial para el florecimiento de la raza humana (como cumplimiento del mandato dado al primer hombre, Adán), sino que también fue diseñada para reflejar la realidad más hermosa ante los ojos de Dios Padre: el compromiso de Su Hijo con la esposa que Él eligió, la iglesia. La familia es una de las cuatro instituciones que Dios creó para el florecimiento humano: la conciencia (Ro 2:14-15), la familia (Gn 2:24), la iglesia (Mt 16:18) y el gobierno (Ro 13:1-7). Las cuatro son expresiones de la gracia común de Dios para la humanidad, destinadas a refrenar el mal y promover el bienestar del ser humano.

Al considerar la familia, debemos reconocer cuán importantes son el hogar, la crianza de los hijos y la disciplina para el bienestar de nuestra sociedad y la salud de nuestras iglesias. Simeon Ashe, en su libro *Primitive Deity* [*Deidad primitiva*], escribe: «La casa del piadoso es una pequeña iglesia; la casa del impío, un pequeño infierno».[2] Los hogares piadosos son lugares de cuidado, formación, amor y disciplina. Son viveros que preparan soldados para la ver-

---

[2] Simeon Ashe, *Primitive Divinity* [*Deidad primitiva*], 152, en *Ore from the Puritans' Mine* [*Oro de las minas de los puritanos*] por Dale W. Smith (Grand Rapids: Reformation Heritage, 2020), 182.

dad. Los adultos que fueron criados en hogares bíblicos y temerosos de Dios están equipados con todas las herramientas necesarias para avanzar en la causa de Cristo en la vida, y para usar todos sus dones para Su gloria. Por el contrario, una familia que no se centra en las Escrituras, sino en filosofías y modas pasajeras, probablemente producirá adultos rebeldes, consentidos, egocéntricos y con una incapacidad general para actuar de manera saludable e integral en la sociedad. Necesitamos familias piadosas si deseamos tener iglesias fuertes y levantar personas que ocupen cargos en el gobierno con valentía, honor, integridad y piedad. William Perkins, conocido como el padre de los puritanos, escribió acerca de la formación de la familia y cómo debía ser ordenada. Él dice:

> Honorable señor, entre todas las sociedades y estados que han existido en el mundo entero desde el primer llamado de Adán en el paraíso hasta el día de hoy, la familia es la primera y más antigua de todas.[3]

> La única regla para ordenar la familia es la Palabra escrita de Dios… Una familia es una sociedad natural y sencilla de ciertas personas, que tienen una relación mutua entre sí, bajo el gobierno privado de uno.[4]

---

[3] William Perkins, *Christian Oeconomie* [*Economía cristiana*], Vol. 10 de *The Works of William Perkins* [*Las obras de William Perkins*], ed. J. Stephen Yuille, gen.eds. Joel R. Beeke y Derek W. Thomas (Grand Rapids: Reformation Heritage, 2020), 111.
[4] William Perkins, 119.

Una familia, para su buen funcionamiento, está obligada al cumplimiento de dos deberes: uno hacia Dios y otro hacia sí misma.[5]

Lo que Perkins quiere enfatizar, es que la familia fue creada por Dios y, por tanto, debe ser gobernada por Dios, a través de Su Palabra. La familia debe funcionar conforme a lo que establece la Palabra de Dios. Este fue uno de los errores más significativos del pueblo de Dios en el Antiguo Testamento mientras habitaban en la tierra de Canaán. El profeta Malaquías escribe en Malaquías 2:15 lo que Dios buscaba en las familias de Israel, las cuales componían la nación de Israel. La Palabra de Dios dice:

> Pero ninguno que tenga un remanente del Espíritu lo ha hecho así. *¿Y qué hizo este mientras buscaba una descendencia de parte de Dios?* Presten atención, pues, a su espíritu; no seas desleal con la mujer de tu juventud (énfasis añadido).

Lo que Dios buscaba en las familias de Israel era que fueran diligentes en criar una descendencia piadosa. Dios, en Su voluntad revelada, quería que los hijos de Su pueblo crecieran y llegaran a ser adultos que temieran a Dios y obedecieran Sus mandamientos. Esto es lo que Salomón, en Eclesiastés 12:13-14, señaló en las Escrituras del Antiguo Testamento como la esencia misma de la vida:

---

[5] William Perkins, 120.

La conclusión, cuando todo se ha oído, es esta: Teme a Dios y guarda Sus mandamientos, porque esto concierne a toda persona. Porque Dios traerá toda obra a juicio, junto con todo lo oculto, sea bueno o sea malo.

¿Cómo debía Israel criar una descendencia piadosa? Los hijos debían ser criados, enseñados y disciplinados conforme a las instrucciones de la Palabra de Dios. Recuerda, Dios nos creó y nos conoce mejor que cualquier psicólogo humano, sin importar los títulos o credenciales que tenga. Sus caminos son mejores, y Su Palabra es infinitamente más útil para tu familia que todos los libros sobre psicología moderna de la crianza de los hijos.

Un aspecto crítico para la salud de cualquier familia, es tener un entendimiento bíblico de cómo deben ser criados, instruidos y corregidos los hijos. El autor de Proverbios enseña esta verdad en Proverbios 22:6: «Instruye al niño en el camino que debe andar, y aun cuando sea viejo no se apartará de él». El libro de los Proverbios dice mucho sobre la importancia de la familia, la crianza y la disciplina de los hijos. Aquí tienes una muestra de algunos proverbios sobre la crianza:

Los proverbios de Salomón.

El hijo sabio alegra al padre,
Pero el hijo necio es tristeza para su madre (Pro 10:1).

El hijo sabio alegra al padre,
Pero el hombre necio desprecia a su madre (Pro 15:20).

El hijo necio es pesadumbre de su padre
Y amargura para la que lo dio a luz (Pro 17:25).

El que asalta a su padre y echa fuera a su madre
Es un hijo que trae vergüenza y desgracia (Pro 19:26).

El que evita la vara odia a su hijo,
Pero el que lo ama lo disciplina con diligencia
(Pro 13:24).

Disciplina a tu hijo mientras hay esperanza,
Pero no desee tu alma causarle la muerte (Pro 19:18).

No escatimes la disciplina del niño;
Aunque lo castigues con vara, no morirá (Pro 23:13).

Lo castigarás con vara,
Y librarás su alma del Seol (Pro 23:14).

La vara y la reprensión dan sabiduría,
Pero el niño consentido avergüenza a su madre
(Pro 29:15).

Disciplina a tu hijo y te dará descanso,
Y dará alegría a tu alma (Pro 29:17).

El justo anda en su integridad;
¡Cuán dichosos son sus hijos después de él! (Pro 20:7).

Al observar esta lista del libro bíblico de la sabiduría, vemos cómo un hijo puede traer vergüenza u honor a una familia. Leemos sobre la bendición de tener un padre y una madre piadosos, y sobre la importancia del castigo correctivo como medio para alejar al niño del pecado y la destrucción, y dirigirlo hacia la verdad y la justicia. Esto nos muestra claramente que existe una manera correcta de dirigir la familia y de criar a los hijos, y, por ende, también existen maneras equivocadas de hacerlo. Las consecuencias de criar a los hijos en oposición a la Palabra de Dios pueden ser graves.

¿Cuáles son algunos ejemplos bíblicos de consecuencias nefastas que se destacan en Proverbios? Dos ejemplos contundentes de los efectos negativos de una crianza que no es según las Escrituras son Elí, el sumo sacerdote, y David, el rey de Israel.

PRIMER EJEMPLO DE CRIANZA DEFICIENTE: ELÍ, EL SUMO SACERDOTE

Leemos sobre la tragedia de la crianza pobre de Elí en 1 Samuel 2. Sus dos hijos, Ofni y Finees, tomaban porciones indebidas de los sacrificios del pueblo y también se involucraban en actos de inmoralidad con mujeres en los alrededores del tabernáculo (1S 2:22, 28-29). Elí se enteró de lo que hacían, pero no los removió ni los disciplinó. Solo les dio una advertencia verbal. En 1 Samuel 2:29 y 34-35, leemos que Dios envió un profeta para confrontar a Elí por su pecado como padre y para anunciarle las consecuencias de su negligencia al no disciplinar a sus hijos:

> ¿Por qué pisoteas Mi sacrificio y Mi ofrenda que he ordenado en Mi morada, y *honras a tus hijos más que a Mí,*

engordando ustedes con lo mejor de cada ofrenda de Mi pueblo Israel? (énfasis añadido).

Y para ti, esta será la señal que vendrá en cuanto a tus dos hijos, Ofni y Finees: en el mismo día morirán los dos. Pero levantaré para Mí un sacerdote fiel que hará conforme a los deseos de Mi corazón y de Mi alma; y le edificaré una casa duradera, y él andará siempre delante de Mi ungido.

A Elí se le dice que su pecado fue haber honrado a sus hijos por encima del SEÑOR. No honró al SEÑOR por encima de su familia en su propio hogar. No crió a sus hijos conforme a la Palabra de Dios. Los consintió. Puso a sus hijos en el lugar que solo le corresponde a Dios. El resultado señalado en los versículos 34-35, fue que sus hijos morirían repentinamente (lo cual se cumplió en 1S 4:11) y que el sacerdocio sería entregado a otro, lo cual se cumplió en 1 Reyes 2:26-27, cuando Abiatar, el sacerdote, fue expulsado por su rebelión. El pecado de Elí tuvo consecuencias desastrosas, no solo para sus hijos, sino también para toda su descendencia.

SEGUNDO EJEMPLO DE UNA CRIANZA DEFICIENTE: EL REY DAVID

David fue llamado un hombre conforme al corazón de Dios (1S 13:14; Hch 13:22). Su corazón estaba enfocada en disfrutar de Dios y magnificar Su gloria, lo cual también es el «corazón» de Dios, como leemos en Isaías 48:9-11. Sin embargo, este hombre conforme al corazón de Dios falló como padre: fue infiel a su ami-

CAPÍTULO UNO

go, cometió adulterio, y trajo mucho desorden a su vida a causa de sus muchas esposas. Leemos el desenlace de su relación con Betsabé, la esposa de Urías, en 2 Samuel:

> Así dice el Señor: «*Por eso, de tu misma casa levantaré el mal contra ti*; y aun tomaré tus mujeres delante de tus ojos y las daré a tu compañero, y este se acostará con tus mujeres a plena luz del día. En verdad, tú lo hiciste en secreto, pero Yo haré esto delante de todo Israel y a plena luz del sol». Entonces David dijo a Natán: «He pecado contra el Señor». Y Natán dijo a David: «El Señor ha quitado tu pecado; no morirás. Sin embargo, por cuanto con este hecho has dado ocasión de blasfemar a los enemigos del Señor, *ciertamente morirá el niño que te ha nacido*». Y Natán regresó a su casa (2S 12:11-16, énfasis añadido).

El pecado familiar de David trajo un tormento constante que nunca abandonó a su familia por el resto de sus días, además de que perdió a su hijo. Dios fue misericordioso con David al perdonarlo, pero las consecuencias temporales de su pecado afectaron profundamente a su familia. Vemos cómo la falta de fidelidad en someterse al modelo bíblico del matrimonio tuvo un efecto desastroso en la familia de David, y ese patrón continuó con su hijo Salomón, quien también tuvo muchas esposas que desviaron su corazón. Leemos lo que ocurrió con Salomón, cuyo reino se dividió durante el reinado de su hijo Roboam, debido al pecado de su padre. En 1 Reyes 11:1-4 leemos:

> Pero el rey Salomón, además de la hija de Faraón, *amó a muchas mujeres extranjeras*, moabitas, amonitas, edomitas, sidonias e hititas, *de las naciones acerca de las cuales el* SEÑOR *había dicho a los israelitas:* «*No se unirán a ellas, ni ellas se unirán a ustedes, porque ciertamente desviarán su corazón tras sus dioses*». Pero Salomón se apegó a ellas con amor. Y tuvo 700 mujeres que eran princesas y 300 concubinas, y sus mujeres desviaron su corazón. *Porque cuando Salomón ya era viejo, sus mujeres desviaron su corazón tras otros dioses, y su corazón no estuvo dedicado por completo al* SEÑOR *su Dios, como había estado el corazón de David su padre* (énfasis añadido).

¿De dónde aprendió Salomón tal sensualidad? Quizás de su padre, aunque a diferencia de David, Salomón fue aún más lejos en su rebelión y se casó con mujeres fuera de la comunidad pactual de Israel. Se unió a mujeres incrédulas, y ellas desviaron su corazón hacia el pecado. Este patrón comenzó en David y luego fue llevado a un nivel más destructivo por Salomón. La falta de fidelidad de David al modelo bíblico del matrimonio trajo mucho dolor a su familia. Su pecado tuvo efectos dolorosos, y su falta de una crianza fiel de sus hijos causó gran destrucción. De hecho, la crianza deficiente de David fue el contexto de la profecía de Natán (2S 12:11) sobre el caos que vendría a su familia, profecía que se cumplió plenamente.

Dos ejemplos de la crianza deficiente de David como padre tienen que ver con sus hijos mayores. Su hijo Amnón amaba a su media hermana Tamar y la deseaba como esposa. Quería acostarse con ella. Finalmente logró su propósito y abusó de ella después de fingir estar enfermo (2S 13). Cuando David se entera del pecado de su hijo, se enoja, pero no hace justicia ni parece castigar a Amnón. Luego de que David se entera de lo que hizo Amnón, leemos:

> *Cuando el rey David se enteró de todas estas cosas*, se enojó mucho. Pero Absalón no le habló a Amnón ni bien ni mal; pues odiaba a Amnón, porque había violado a su hermana Tamar (2S 13:21-22, énfasis añadido).

David se indignó como era debido, pero no intervino como debía. Con el tiempo, el hermano de sangre de Tamar, Absalón, la vengó asesinando a Amnón, y más adelante encabezó una rebelión contra David, que terminó con la muerte de Absalón (2S 14–18). La inacción de David en esta situación revela su actitud como padre.

Sin embargo, el ejemplo más claro y contundente de la crianza deficiente de David lo encontramos en una afirmación hecha acerca de él durante otro intento de usurpación del trono, esta vez por parte de otro de sus hijos mayores, cuando David ya era un rey anciano, cerca del final de su vida. Así, en sus últimos años, David repite el mismo patrón, sin haber aprendido de su fracaso con Absalón. El autor de 1 Reyes escribe:

> Entretanto Adonías, hijo de Haguit, se ensalzaba diciendo: «Yo seré rey». Y preparó para sí carros, hombres de a caballo y cincuenta hombres que corrieran delante de él. *Su padre nunca lo había contrariado preguntándole: «¿Por qué has hecho esto?»*. Él era también hombre de muy her-

moso parecer, y había nacido después de Absalón (1R 1:5-6, énfasis añadido).

David no le hizo a su hijo ninguna pregunta que pudiera disgustarlo. No lo disciplinó. Lo dejó crecer en un ambiente de privilegios sin instrucción ni corrección. Eventualmente, esto llevó a su hijo a rebelarse contra el rey escogido, Salomón, y, más tarde, a su muerte en 1 Reyes 2:24-25, cuando Adonías intentó nuevamente tomar el trono mediante una aparente manipulación de la madre del rey. David perdió a tres hijos, y su hijo Salomón se desvió de la fe durante su reinado, en parte debido al fracaso de David en obedecer la Palabra de Dios respecto a su familia y a la crianza de sus hijos.

Tanto David como Elí llevaron destrucción a sus familias por su crianza deficiente. En cambio, nuestro anhelo debe ser que la crianza de nuestros hijos sea un medio que Dios use para traer bendición espiritual a sus vidas, aplicando Su ley y Su evangelio a los corazones de nuestros hijos. Recuerda que el gran privilegio de un niño al ser criado en un hogar centrado en Cristo, con instrucción y disciplina, es que, como dice 1 Corintios 7:14, es santo para el Señor.

No estoy diciendo que si haces todo bien, tus hijos necesariamente crecerán perfectos y maravillosos. Recuerda que solo Dios puede salvar y dar vida espiritual a los muertos en pecado (Ef 2:1-4). Sin embargo, también recordemos que Dios obra a través de *medios* (Ro 10:17: «La fe viene por el oír, y el oír por la palabra de Cristo»). Lo que intento decir es que Dios utiliza Su Palabra y usa a la familia, ordenada conforme a esa Palabra, como un instrumento para el bienestar de los hijos y de la sociedad. Por tanto, una familia organizada según la Palabra de Dios, que enseña la Palabra de Dios y disciplina conforme a la Palabra de Dios, es un medio poderoso en las manos del Padre para convertir a los hijos pecadores a Él, mediante la fe en Cristo Jesús, el Hijo eterno.

En tiempos modernos, una filosofía de crianza llamada «Crianza respetuosa» ha penetrado incluso en la iglesia. Este libro definirá y expondrá qué es la crianza respetuosa en el capítulo dos, y el capítulo tres la analizará críticamente, comparándola con las Sagradas Escrituras. En el capítulo cuatro, examinaremos, en resumen, cómo la Biblia nos llama a criar a nuestros hijos en verdad y justicia. El capítulo cinco tratará la importancia de la suficiencia de las Escrituras en relación con la crianza. Que Dios nos conceda sabiduría al comenzar este camino juntos, pues está en juego mucho: una crianza no bíblica puede conducir a nuestros hijos por el camino de la muerte (Pro 19:18).

CAPÍTULO DOS

DEFINICIÓN DE LA CRIANZA RESPETUOSA

En tiempos recientes, la filosofía de la crianza respetuosa ha comenzado a infiltrarse en las iglesias evangélicas. El castigo hacia los hijos ha sido cada vez más desacreditado, y algunas formas de disciplina punitiva, como el uso de la vara, incluso han sido etiquetadas como abuso por algunos sectores. Un sitio web popular que promueve la crianza respetuosa hizo la siguiente afirmación respecto al castigo físico:

> Cuando castigas a tu hijo, pones en riesgo tu relación con él. Pones en riesgo su bienestar emocional, físico y mental. Y, por no mencionar, si crees que está bien golpear o pegarle a un niño pequeño, entonces tú no saliste «bien».[6]

Gran parte de esta manera de pensar es síntoma de sistemas de creencias centrados en la autosatisfacción, la autorrealización, la autoestima y todo lo relacionado con el relativismo en cuanto a la verdad objetiva de la realidad. Criar hijos desde tales cosmovisiones está, y estará siempre, en contradicción evidente con la Biblia, así

---

[6] *The Gentle Parenting Institute*, «Please Don't Spank Your Child» [«Por favor, no castigues a tu hijo»], Gentle Parenting Institute: https://gentleparentinginstitute.com/2017/06/24/please-dont-spank-your-child/ (24 de diciembre de 2024).

como también con la visión tradicional de la cultura occidental sobre cómo debe ser la formación de un hijo. Como se insinuó en el capítulo anterior, actualmente, uno de los métodos más populares y en crecimiento en la actualidad es la crianza respetuosa. Lo que me propongo hacer en este capítulo es describir, de la forma más fiel y clara posible, en un nivel básico, qué enseña la crianza respetuosa, y luego, en el capítulo tres, procuraré evaluarla con justicia.

Este no pretende ser un trabajo académico; trataré estos temas al nivel en que realmente están afectando a las personas, tanto en la iglesia como en la sociedad en general. De hecho, gran parte del contenido de este libro proviene de sermones predicados en la iglesia que tengo el privilegio de pastorear.

HISTORIA DE LA CRIANZA RESPETUOSA

Como pastor, he escuchado a un número creciente de padres referirse a la crianza respetuosa. Un artículo definía esta crianza como: «Paciente, calmada y libre de castigos. La crianza respetuosa es un enfoque basado en evidencia que se centra en la empatía, el respeto, la comprensión y los límites».[7] Otro artículo la define así: «A veces llamada crianza guiada por el niño, la crianza respetuosa es un estilo de crianza que busca criar hijos felices, seguros de sí mismos e independientes, a través del respeto, la empatía, la comprensión y el establecimiento de límites saludables. Si bien los estilos tradicionales de crianza se centran en el premio y el castigo por el buen o mal comportamiento; la crianza respetuosa, en cambio, se enfoca

---

[7] Kimberly Zapata, «What Is Gentle Parenting?» [«¿Qué es la crianza respetuosa?»]. Actualizado el 17 de agosto de 2023. Parents: https://www.parents.com/parenting/better-parenting/style/what-is-gentle-parenting/#:~:text=Gentle%20parenting%20is%20as%20it%20sounds;%20it%20is%20a%20softer (2 de octubre de 2024).

en la autoconciencia del niño y en que este comprenda su propia conducta».⁸ Se trata de una ideología de crianza centrada en el niño, que no castiga, sino que acompaña y guía. Su objetivo es formar niños felices, seguros de sí mismos y realizados personalmente. Rastrear el origen exacto de la crianza respetuosa no es sencillo. Kathryn Watson, en *Oprah Daily* (un sitio de blog asociado con Oprah Winfrey), escribe:

> ¿De dónde proviene la crianza respetuosa? Generalmente se considera que una autora británica llamada Sarah Ockwell-Smith es la fundadora del movimiento de la crianza respetuosa. Ha escrito trece libros sobre crianza, todos centrados en la filosofía «respetuosa». Ockwell-Smith no es pediatra ni neurocientífica; sin embargo, es madre de cuatro hijos. La crianza respetuosa se ha vuelto muy popular en las redes sociales. El *hashtag* #gentleparenting [*#crianzarespetuosa*] tiene 2.800 millones de visualizaciones en TikTok, donde tanto expertos en crianza como padres comunes comparten consejos, trucos y ejemplos de cómo esta filosofía puede aplicarse en la vida cotidiana.⁹

---

⁸ Michael Vallejo, «*What Is Gentle Parenting? Benefits, Examples, and Tips*» [«¿Qué es la crianza respetuosa? Beneficios, ejemplos y consejos»], 21 de agosto de 2024. Mental Health Center Kids: https://mentalhealthcenterkids.com/blogs/articles/gentle-parenting (9 de octubre de 2024).

⁹ Kathryn Watson, «*What Is Gentle Parenting? The Pros & Cons of the Parenting Style*» [«¿Qué es la crianza respetuosa? Ventajas y desventajas de este estilo de crianza»], Oprah Daily: https://www.oprahdaily.com/life/relationships-love/a40941761/gentle-parenting/ (10 de octubre de 2024).

En el mismo artículo, Watson cita al Dr. Dan Peters, quien describe la crianza respetuosa de la siguiente manera:

> «La crianza respetuosa es una forma de crianza positiva que enfatiza la comprensión del comportamiento del niño a través de la empatía y el respeto, ofreciendo opciones en lugar de órdenes, y respondiendo de una manera que considere los niveles intelectuales y de desarrollo del niño», explica Dan Peters, PhD, psicólogo y conductor del pódcast *Parent Footprint*.
>
> «Los objetivos de la crianza respetuosa son criar hijos que entiendan y regulen sus emociones, que respeten y tengan empatía por sí mismos y por los demás, y que desarrollen relaciones saludables y colaborativas», añade Peters.[10]

La crianza respetuosa es una filosofía con principios que, según se afirma, puede verse distinta en cada familia. En un artículo del blog *Motherly*, se describe la crianza respetuosa de la siguiente manera:

> La crianza respetuosa consiste en enseñar a tus hijos a respetarse a sí mismos, a los demás y al mundo que los rodea. Se trata de formar seres humanos capaces de enfrentar los altibajos de la vida con resiliencia y empatía. También se trata de romper ciclos, es decir, dejar atrás la ira o la reactividad con la que quizás creciste... La crianza respetuosa no es solo una moda, es un cambio de menta-

---

[10] Kathryn Watson.

lidad. Se trata de conexión, empatía y límites que construyen confianza, no caos.[11]

La crianza respetuosa, entonces, representa una reconfiguración de la perspectiva tradicional sobre la crianza. Sarah Ockwell-Smith, en su libro *Gentle Discipline* [*Disciplina respetuosa*], escribe:

> La vida es difícil y confusa. Todos lidiamos con mucho a diario, y si nosotros como adultos no logramos atravesar el camino perfectamente en todo momento, entonces no deberíamos exigir que nuestros hijos lo hagan. Así que aceptar que tu hijo tendrá crisis y berrinches, tal como tú a veces los tienes, tal vez sea el mejor camino a seguir. Restablecer tus expectativas, comenzando por entender que todos se comportan mal de vez en cuando, es un excelente punto de partida.[12]

Observa lo que la crianza respetuosa, como ideología, está promoviendo: la aceptación de conductas como berrinches y crisis emocionales, bajo el argumento de que nosotros, como adultos, hacemos lo mismo; y si nosotros nos salimos con la nuestra, no deberíamos ser tan duros con nuestros hijos cuando exhiben ese tipo de comportamientos. Esta ideología busca redefinir la manera en que interpretamos los berrinches y las conductas emocionales intensas. Mucho se podría decir al respecto, pero por ahora, el en-

---

[11] Elizabeth Tenety, «No, Gentle Parenting Is Not Permissive Parenting» [«No, la crianza respetuosa no es crianza permisiva»]. 21 de noviembre de 2024. Motherly: https://www.mother.ly/parenting/gentle-parenting-vs-permissive-parenting/ (12 de diciembre de 2024).

[12] Sarah Ockwell-Smith, *Gentle Discipline* [*Disciplina respetuosa*] (New York: TarcherPerigee, 2017), 2.

foque sigue siendo el origen y los recursos disponibles relacionados con esta corriente.

Existen muchas otras fuentes que se citan dentro del movimiento, provenientes de una variedad amplia de autores. Uno de los recursos más influyentes a los que suelen acudir quienes se identifican con la crianza respetuosa, es el libro *The Whole-Brain Child* [*El cerebro integral del niño*] de Daniel J. Siegel, MD, y Tina Payne Bryson, PhD. Este libro presenta doce estrategias para fomentar el desarrollo cerebral saludable del niño. Estas doce estrategias, distribuidas en seis capítulos, incluyen:

1. Conectar y redirigir: navegar las olas emocionales.
2. Nombrar para dominar: contar historias para calmar emociones intensas.
3. Involúcrate, no enfurezcas: apelar al cerebro superior.
4. Úsalo o piérdelo: ejercitar el cerebro superior.
5. Muévete o piérdelo: mueve el cuerpo para evitar perder el control mental.
6. Usa el control remoto de la mente: revive recuerdos.
7. Recuerda para recordar: crea espacios cotidianos para revivir recuerdos en familia.
8. Deja que las nubes emocionales pasen: enseña que los sentimientos van y vienen.
9. *SIFT*:[13] prestar atención a lo que ocurre en el interior
10. Ejercita la percepción interna: volver al centro de control.

---

[13] Técnica *SIFT* hace referencia a los conceptos en inglés: *sensations, images, feelings, thoughts*. Su equivalente en español es SISP: sensaciones, imágenes, sentimientos, pensamientos.

11. Aumenta el factor diversión familiar: procurar disfrutar activamente de la compañía mutua.
12. Conectarse a través del conflicto: enseña a los niños a discutir con una mentalidad de «nosotros».[14]

En la introducción de este éxito de ventas del *New York Times*, los autores afirman: «En las páginas siguientes, explicamos la perspectiva del cerebro integral y ofrecemos una variedad de estrategias para ayudar a tus hijos a ser más felices, saludables y plenamente ellos mismos».[15] Este tipo de crianza tiene como objetivo ayudar al niño a convertirse en quien realmente es. La idea es formar un niño con un cerebro integrado, lo que, según los autores, se traduce en una salud mental, descrita por los mismos autores, como un «río de bienestar».[16] Según la intención declarada por los autores, el libro busca explicar la ciencia detrás de su propuesta de criar a los hijos de una manera distinta a la tradicional. No pretendo aquí analizar las perspectivas científicas que presenta *The Whole-Brain Child*.

Ahora bien, antes de continuar, conviene hacer una aclaración importante. *Hay aspectos valiosos en los datos científicos que se exponen en The Whole-Brain Child, ya que el cerebro, como órgano, no siempre funciona de forma saludable. Sin embargo, lo que me interesa examinar es la cosmovisión que interpreta esos datos científicos, una visión que se ha popularizado notablemente en los últimos años.* Además, no es mi intención tratar de convencer a alguien con esta perspectiva, que no cree que la Biblia es la Palabra de Dios.

---

[14] Daniel J. Siegel y Tina Payne Bryson, *The Whole Brain Child* [El cerebro integral del niño] (NY: Bantam, 2012), Tabla de contenido.
[15] Siegel and Bryson, X.
[16] Siegel and Bryson, II.

Asumo que los lectores de este libro afirman la inspiración, inerrancia y suficiencia de la Biblia en sus lenguas originales. Por tanto, estarán de acuerdo en que el Dios que creó el cerebro y su funcionamiento, es a quien debemos acudir para conocer los métodos adecuados para el cuidado mental, emocional, físico y espiritual del niño. También coincidirán en que la Biblia es la autoridad suprema para evaluar todas las ideas derivadas de la creación.

Debido a nuestro estado caído, no podemos ver el mundo de Dios con claridad, pues el pecado ha contaminado cada parte de nuestro ser, incluyendo nuestras capacidades racionales. Por ello, buscamos a Dios, creador de cuerpos y almas humanas, para guiarnos en los métodos de crianza y en todos los aspectos de la vida. No confiamos en las ideologías ni en las evidencias evaluadas por nuestra cultura, sino en el Dios que creó a quienes realizan tales evaluaciones científicas.

Un libro reciente que ha influido a muchos es *Brain-Body Parenting* [*Crianza cerebro-cuerpo*] de Mona Delahooke, PhD, publicado en 2022, esta obra tiene un enfoque más accesible y popular en comparación con su libro más académico *Beyond Behaviors* [*Más allá de las conductas*] publicado en 2019. Delahooke expone claramente sus objetivos en *Brain-Body Parenting* al inicio del libro, cuando escribe:

> En las páginas siguientes, aprenderemos conceptos clave para personalizar tu crianza, incluyendo: Cómo usar los comportamientos de tu hijo como pistas para comprender la plataforma única de tu hijo, mi término simplificado para la conexión cerebro-cuerpo. Cómo el con-

cepto de neurocepción, término del Dr. Porges para lo que yo llamo el sistema de detección de seguridad del cuerpo, nos ayuda a entender las experiencias subjetivas de nuestro hijo. Cómo discernir si un comportamiento determinado proviene de una intención voluntaria o de un malestar fisiológico (basado en el cuerpo). Cómo una conexión compartida entre padre e hijo puede ayudar al niño a desarrollar la capacidad de autorregulación. La importancia del autocuidado para los padres, y cómo la presencia amorosa de un adulto puede ayudar al niño a sentirse más tranquilo y seguro a nivel fisiológico. Cómo comprender la interocepción (las sensaciones que provienen desde lo más profundo del cuerpo), puede ayudar a guiar tus interacciones y a que tu hijo sea más consciente y pueda comunicarse mejor con sus sentimientos y emociones. Y cómo aplicar la comprensión de la plataforma y de todos estos conceptos para ayudar a fortalecer la resiliencia y resolver desafíos comunes en la crianza desde la infancia hasta la adolescencia temprana.[17]

Ahora bien, todo esto puede parecer mucho, pero en esencia, su libro busca ayudarte a comprender el funcionamiento interno de tu hijo para que puedas guiarlo de manera única en el manejo de sus emociones y en el desarrollo de su resiliencia, con el fin de que sea feliz y tenga éxito en la vida.

---

[17] Mona Delahooke, *Brain-Body Parenting* [*Crianza cerebro-cuerpo*] (NY: Harper Collins, 2022), 10-11.

Otra fuente frecuentemente citada es el libro de Laura Markham, *Peaceful Parents, Happy Kids* [*Padres pacíficos, hijos felices*], publicado en 2012. Este libro, junto con otros similares, fue clave para impulsar esta ideología a nivel popular (no académico). Ahora, más que analizar estos libros en detalle, mi intención es interactuar con la *ideología de crianza* que ellos promovieron y que hoy se difunde en artículos, medios de comunicación y redes sociales. Gran parte del material sobre la crianza respetuosa al que suelen acudir muchas familias proviene de psicólogos familiares o de personas que recomiendan artículos que, según dicen, les han ayudado en su labor como padres. Por ello, quiero resumir lo que se ha vuelto popular en relación con la crianza respetuosa. Para abordar este tema adecuadamente, es necesario definir con mayor profundidad la ideología y la filosofía que sustentan la crianza respetuosa.

ENTONCES, ¿QUÉ ES EXACTAMENTE LA CRIANZA RESPETUOSA?

Ha resultado difícil encontrar una definición sencilla y clara de lo que es la crianza respetuosa. Sin embargo, un artículo en línea ofreció la explicación más clara que he encontrado hasta ahora en toda la literatura consultada. La revista está dirigida a padres y madres comunes y corrientes. Este artículo, publicado en *parents.com*, describe la «crianza respetuosa» de la siguiente manera:

> *La crianza respetuosa es una forma de educar sin recurrir a la vergüenza, la culpa ni el castigo. Se basa en una relación de colaboración, donde tanto los padres como los hijos tienen voz en este estilo participativo.* Tal como suena, la crian-

za respetuosa es un enfoque más suave y delicado de la crianza, y quienes la practican guían a sus hijos mediante límites consistentes y compasivos, no con mano firme. «La crianza respetuosa, también conocida como crianza colaborativa, es un estilo en el que los padres no obligan a los hijos a comportarse mediante castigos o control, sino que utilizan la conexión, la comunicación y otros métodos democráticos para tomar decisiones en familia», afirma Danielle Sullivan, entrenadora en crianza y presentadora del podcast *Neurodiverging*, con sede en Lafayette, Colorado. *Este estilo de crianza se compone de cuatro elementos fundamentales: empatía, respeto, comprensión y límites.*[18]

Este artículo presentó una de las definiciones más claras de la crianza respetuosa como «una crianza sin vergüenza, culpa ni castigo». Este estilo de crianza no recurre a la disciplina punitiva (como dar nalgadas o un tiempo de castigo, etc) ante el mal comportamiento. Este estilo de crianza en su lugar, utiliza «métodos democráticos» para tomar decisiones en familia, lo cual significa que se da voz al niño en su propia educación y en las prioridades del hogar. Los cuatro elementos principales que definen este enfoque son: empatía, respeto, comprensión y límites. Cuando se cruzan los límites, los padres que practican este estilo, considerando la crianza como una asociación entre ellos y sus hijos, razonan con el niño y lo redirigen. Este artículo también aborda con claridad los posibles problemas de esta forma de crianza: «En algunos casos, la crianza

---

[18] Kimberly Zapata, énfasis añadido.

respetuosa puede volverse permisiva y facilita actitudes problemáticas. La crianza respetuosa puede representar un desafío. Tanto los padres como los hijos pueden mostrar dificultades ante la falta de disciplina y estructura».[19] Según el autor, este tipo de crianza puede fomentar malos comportamientos y permitir que los niños actúen sin corrección, y concluye reconociendo que este estilo de crianza no es para todos.

Otro artículo publicado por la clínica Cleveland, resume de manera útil la ideología de la crianza respetuosa y afirma lo siguiente al respecto:

> Los estilos de crianza tradicionales se centran en el castigo y la recompensa. Cuando un niño hace algo bueno o demuestra buen comportamiento, se le recompensa con actividades divertidas, golosinas o retroalimentación positiva. Pero si el niño hace algo malo, puede ser puesto en un tiempo de castigo o incluso recibir una nalgada (algo que los médicos no aconsejan).
> En lugar de enfocarse en el castigo y la recompensa, la crianza respetuosa busca desarrollar la autoconciencia del niño y la comprensión de su propio comportamiento.
> «La idea es ser más como un entrenador para tu hijo, en lugar de un castigador», dice la Dra. Estrella.[20]

---

[19] Kimberly Zapata.
[20] Cleveland Clinic, «What Is Gentle Parenting?» [«¿Qué es la crianza respetuosa?»] 5 de agosto de 2022. Cleveland Clinic: https://health.clevelandclinic.org/what-is-gentle-parenting (2 de octubre de 2024).

Observa que esta ideología no se basa en castigar o premiar, como ha sido lo común históricamente, sino en adoptar un enfoque distinto hacia el niño: uno más parecido al de un entrenador que al de una corrección punitiva.

¿Y QUÉ HAY DE LOS ESTALLIDOS Y LAS RABIETAS?

¿Cómo funciona la crianza respetuosa frente a esos comportamientos difíciles en niños pequeños y, a veces, en los mayores? Citamos esto antes en este capítulo, pero vale la pena repetirlo. Sarah Ockwell-Smith escribe en su libro *Disciplina respetuosa*.

> La vida es difícil y confusa. Todos tenemos mucho que afrontar a diario, y si nosotros, *como adultos, no navegamos el camino perfectamente todo el tiempo, entonces no deberíamos exigir que nuestros hijos lo hagan*. Así que aceptar que tu hijo tendrá crisis y rabietas, tal como tú a veces, quizás sea la mejor manera de avanzar. Ajustar tus *expectativas*, reconociendo que todos se equivocan o tienen malos momentos de vez en cuando, es un excelente punto de partida.[21]

La solución que propone la crianza respetuosa ante las rabietas, es aceptar su realidad como parte de la vida, tanto en la infancia como en la edad adulta. Redirigir en esos momentos y comprenderse a uno mismo es vital, según la crianza respetuosa, para poder avanzar.

---

[21] Sarah Ockwell-Smith, 2, énfasis añadido.

Una autora da el siguiente consejo sobre cómo manejar las rabietas dentro de la filosofía de la crianza respetuosa:

> «Debes permitir que tu hijo libere esas grandes emociones mientras tú permaneces como una presencia tranquila a su lado», añade Sally. «Las rabietas pueden parecer insoportables en el momento, pero dejar que sigan su curso es fundamental para el desarrollo de un niño pequeño. *Como adulto, tu tarea es mantener un entorno seguro y hacerle saber que estás ahí si te necesita. Además, deberías validar sus sentimientos, nombrándolos a medida que surgen. Una vez que la rabieta haya pasado, puedes aprovechar la experiencia como una oportunidad de aprendizaje para hablar sobre lo que la provocó y buscar juntos posibles soluciones para el futuro*».[22]

La idea con las rabietas y los estallidos emocionales es permitir que el niño los exprese. Que pueda manifestarse y liberar sus emociones. Una vez que el estallido ha pasado, el padre o la madre ayuda al niño a comprender qué lo causó y a buscar posibles soluciones para el futuro. La crianza respetuosa ve las rabietas y los estallidos como una forma de comunicación, y ese tipo de comunicación no puede ni debe ser reprimido por los padres mientras el niño esté a salvo.[23]

---

[22] Kimberly Zapata, énfasis añadido.
[23] Esta perspectiva se dedujo del artículo sobre crianza respetuosa escrito por Kimberly Zapata, titulado «What is gentle parenting?» [«¿Qué es la crianza respetuosa?»].

CAPÍTULO DOS

¿CÓMO SE VE LA CRIANZA RESPETUOSA EN LA PRÁCTICA?

Un artículo sobre la crianza respetuosa de la clínica Cleveland, ofrece un ejemplo de cómo se aplica esta filosofía. El artículo dice:

> Por ejemplo, imagina que estás a punto de salir rumbo al trabajo. Tienes que dejar a tu hijo en la escuela o guardería de camino, pero él está teniendo una rabieta. Te preocupa llegar tarde al trabajo y tu paciencia empieza a agotarse.
>
> En este escenario, un estilo de crianza tradicional podría llevarte a regañar al niño. «Deja de *comportarte como un bebé* y ponte los zapatos», podrías gritar. «¡Estás actuando de forma *ridícula* y vas a hacer que llegue tarde al trabajo! Espera a que volvamos a *casa*».
>
> Observa que en este ejemplo hay una fuerte carga negativa. Te estás enfocando en la conducta de tu hijo y en la frustración que eso te está causando. Al gritar, estás generando miedo en tu hijo, y ahora ambos se sienten ansiosos o enojados. Es posible que el comportamiento del niño se detenga en ese momento porque te reconoce como una figura de autoridad; sin embargo, lo más probable es que ese comportamiento se repita más adelante.
>
> «Los niños no siempre entienden que lo que están haciendo está mal. Simplemente dejan de hacerlo porque tienen miedo», explica la Dra. Estrella. «En realidad, no

comprenden por qué deberían dejar ese comportamiento a menos que tú se lo expliques».

Un enfoque respetuoso sería mantener la calma y establecer límites claros antes de salir de casa, para que el niño sepa qué esperar. En lugar de gritar o empezar con lo negativo, podrías hacer una pausa y encontrarte con tu hijo en el lugar emocional en el que está. Tal vez te agaches a su altura y le digas con calma: «Voy a dejarte en la escuela y luego iré a trabajar. Necesitamos salir a tiempo. Espero que estés listo con los zapatos puestos en la puerta cuando yo esté lista para irnos. Si no estás listo, los dos llegaremos tarde y yo me sentiré enojada. Si me enojo, perderás algunos privilegios».

Otro enfoque podría ser decir: «Cuando no estás listo a tiempo, me lastima y me pone ansiosa. ¿Por qué te está costando tanto hoy?».[24]

Al leer este consejo sobre cómo practicar la crianza respetuosa, noté varios elementos que llaman la atención. Primero, se indica que debes mantenerte alejado del enojo y de los regaños. Segundo, se recomienda hacer una pausa y encontrarte con el niño en el lugar donde él se encuentra emocionalmente, incluso, agachándote físicamente a su nivel visual para poder relacionarte con él. Desde una perspectiva bíblica, podemos estar de acuerdo en que no es un mal enfoque comunicarse con el niño a su nivel visual, en sí mis-

---

[24] Clínica Cleveland.

CAPÍTULO DOS

mo; sin embargo, tal como se emplea en esta filosofía, no alcanza plenamente el ideal bíblico, como discutiremos más a fondo en los capítulos 3 y 4 de este libro. Tercero, la idea es razonar con el niño sobre por qué ese comportamiento no está funcionando y cómo puede perjudicarlos tanto a él como a ti. En este ejemplo, se sugiere decirle con calma cómo te sientes y cómo su conducta afectará sus privilegios, lo cual, irónicamente, parece ser una forma de disciplina basada en el castigo.

Watson, en su artículo, ofrece los siguientes ejemplos en relación con la crianza respetuosa en contraste con la crianza «tradicional»:

- Si tu niño pequeño derrama la leche, la respuesta de la crianza respetuosa no sería regañarlo por su descuido ni responder con palabras de frustración. En su lugar, se le podría pedir al niño que ayude a limpiar el desorden, con tu asistencia. Esto le ayuda a comprender las consecuencias naturales de sus actos y también que debe asumir responsabilidad por sus acciones.

- Si un niño en edad preescolar no quiere ir a la escuela y expresa sus emociones gritando y llorando, la respuesta de la crianza respetuosa no sería ignorar su reacción. En cambio, comentarías sobre lo que está sintiendo y validarías sus emociones. El objetivo sería comunicar comprensión con el fin de ayudar al niño a regular sus emociones, calmarse y prepararse para ir a la escuela.

- Si un hijo adolescente llega a casa después del horario establecido, la respuesta de la crianza respetuosa no sería buscar un castigo punitivo. Esto no significa que no haya ninguna consecuencia. El padre explicaría la importancia de respetar el acuerdo sobre la hora de llegada y comunicaría una consecuencia natural, como tomar un descanso de salir una noche, establecer una hora de llegada más temprana para dar margen de seguridad, o planificar recordatorios para llegar a tiempo. La consecuencia se basaría en identificar la causa del comportamiento y abordarla de manera adecuada.[25]

En todos estos ejemplos, la crianza respetuosa, en lugar de hablar con autoridad a los niños y exigirles que se ajusten a un estándar, les ayuda a comprender sus emociones, validar sus sentimientos y les ofrece opciones con sus respectivas consecuencias.

Otro ejemplo, presentado por *PositivePsychology.com*, se refiere a cómo manejar la rivalidad entre hermanos. El artículo afirma:

> Ayuda a tus hijos a desarrollar habilidades de comunicación facilitando una conversación sobre lo que sienten. Una vez más, comienza validando sus emociones: «Tiene sentido que estés molesto porque tu hermano tomó tu juguete», o, «entiendo por qué te resulta difícil y triste que ahora tengamos que pasar mucho tiempo con tu nueva hermanita también». Luego puedes guiarlos hacia una resolución de problemas creativa y colaborativa.[26]

---

[25] Kathryn Watson.

[26] Anna Katharina Schaffner, «Unleashing the Power of Gentle Parenting» [«Liberando el poder de la crianza respetuosa» (& 3Examples), 27 de marzo de 2024. PositivePyschology.com:

El punto central aquí es validar las emociones del niño y su enojo hacia sus hermanos como válidos y aceptables. Después de esa validación, tú y el niño trabajan juntos para desarrollar una solución que ayude a manejar esos sentimientos en el futuro.

DEFENSORES DE LA CRIANZA RESPETUOSA ANTICIPAN ARGUMENTOS EN CONTRA

PositivePsychology.com anticipa ciertos argumentos en contra en relación con la crianza respetuosa y responde a ellos presentándolos como tres mitos. Se plantea de la siguiente forma:

Mito uno. La crianza respetuosa es un estilo permisivo y sin límites claros.

La crianza respetuosa no consiste en dejar que los niños hagan lo que quieran cuando quieran. Más bien, se trata de establecer límites claros con empatía y ofrecer orientación positiva. También implica brindar explicaciones claras sobre ciertas reglas, para que los niños comprendan no solo lo que se espera de ellos, sino también por qué se espera (Markham, 2012).

Mito dos. No funciona con niños de carácter fuerte.

La crianza respetuosa, de hecho, también es eficaz con niños de carácter fuerte. Al conectar con sus emociones

---

https://positivepsychology.com/gentleparenting/#:~:text=Gentle%20parenting%20is%20an%20approach%20to%20raising%20children%20that (2 de octubre de 2024).

y ofrecerles opciones, podemos ayudarlos a reconocer, comprender y gestionar sus sentimientos intensos de manera saludable.

Mito tres. Requiere que todo sea perfecto y color de rosa.

Criar hijos es una tarea difícil, y aun los padres más pacientes y respetuosos pasarán por momentos de frustración y confusión. La crianza respetuosa consiste en cultivar una conexión sólida que nos permita afrontar esos momentos desafiantes de manera más eficaz.[27]

PositivePsychology.com busca abordar los mitos o inquietudes que, según ellos, otros podrían tener respecto a la crianza respetuosa, y explica cómo esta filosofía, en realidad, no se ajusta a tales críticas o mitos. En cuanto al mito de que se trata de una crianza permisiva, se afirma que la crianza respetuosa no es así. Más bien, establece límites claros y explica las razones detrás de dichos límites. (A modo de adelanto, cabe preguntarse: ¿cómo se hacen cumplir esos límites? Supongo que la respuesta sería a través de la orientación positiva y la comunicación).

La siguiente objeción o mito que se aborda es que la crianza respetuosa no funciona con niños de carácter fuerte. El artículo sostiene que esta filosofía ofrece a dichos niños opciones y los ayuda a reconocer y comprender sus emociones con el fin de manejarlas. Por último, el mito u objeción de que requiere un entorno «perfecto y color de rosa» se contrarresta subrayando que la crianza es

---

[27] Anna Katharina Schaffner.

difícil y que se trata, en esencia, de fomentar una conexión sólida con el niño.

¿Qué es exactamente la crianza respetuosa, en resumen? Según la presentación popular (no académica) revisada en este capítulo, los principios fundamentales de esta filosofía son los siguientes:

- La crianza como una cooperación con los niños.
- La crianza con empatía, respeto, compasión y límites.
- La crianza sin castigos, enfocada en la redirección y en ofrecer opciones.
- La crianza con la intención de ayudar al niño a desarrollar su autoconciencia.
- La crianza con el objetivo de fortalecer la autoestima y la autorrealización del niño.
- La crianza con la finalidad de enseñar al niño a comprender y manejar sus emociones.
- La crianza que busca empoderar la capacidad interna del niño para desarrollarse.

Ahora, las preguntas para el lector son: ¿Es esta forma de crianza bíblica? ¿Debería un padre cristiano profesante criar de esta manera? ¿Qué está en juego con este tipo de crianza en contraste con el mandato bíblico? Recuerda que Dios nos diseñó. Él nos creó. Nos ha dado Su Palabra, la Biblia.

El Dios Trino sabe mucho mejor cómo deben funcionar las familias que cualquier persona humana viva hoy, sin importar cuán respetada sea en nuestra cultura moderna. El próximo capítulo buscará evaluar la crianza respetuosa desde una perspectiva bíblica.

CAPÍTULO TRES

CRÍTICA A LA CRIANZA RESPETUOSA

Al abordar un tema, es útil definir a la audiencia a la que se desea hablar. La audiencia a la que principalmente quiero ayudar con este pequeño libro, es aquella que cree que la Biblia es la Palabra de Dios, inspirada por el Espíritu, la cual es inerrante y suficiente. Me dirijo, entonces, al cristiano profesante. La visión del cristiano nacido de nuevo sobre toda la vida fluye desde la Palabra de Dios. Por lo tanto, deseo apelar a ti desde la Palabra de Dios con respecto a los muchos peligros y deficiencias de la ideología de la crianza respetuosa.

Creo que, en cierto sentido, por la gracia común de Dios, en los padres que siguen estos principios hay un deseo genuino de amar bien a sus hijos, de verlos florecer. Y hay cristianos bien intencionados que desean ser padres fieles y consideran que estos principios podrían ser útiles. Otros, en reacción a iglesias familiares totalitarias y a abusos por parte de líderes, también tienden a inclinarse más hacia este modelo. Puede haber una variedad de razones por las cuales un cristiano profesante se interese en él. Tal vez ven el énfasis en que los padres deben comunicarse con claridad y empatía, lo cual los atrae a este enfoque.

Desde el principio, reconozco que hay elementos dentro de la filosofía de la crianza respetuosa que también son considerados importantes dentro de una crianza bíblica, aunque esta última los define y aplica de forma distinta (por ejemplo, comunicarse a la altura visual del niño, o trabajar con él para que comprenda su comportamiento, etc.). Mi súplica en este capítulo es que consideremos las Escrituras y que sea la Escritura, y no una reacción emocional ni un celo desligado de ella, la que moldee nuestra manera de criar.

PRIMERA CRÍTICA. RECHAZA LA AUTORIDAD
La crianza respetuosa redefine la autoridad bíblica (Rechaza la autoridad)

La crianza respetuosa ve a los padres y a los hijos como compañeros. Los padres asumen un rol de entrenadores, pero de entrenadores sin una autoridad real. Se espera que los padres ofrezcan al niño opciones, en lugar de decirle lo que debe hacer con respecto a su comportamiento. Si bien la crianza respetuosa busca, con acierto, enseñar a los niños a manejar sus emociones y sentimientos, lo hace desde la perspectiva de que el objetivo de la vida es la autorrealización del niño. Desde una perspectiva bíblica, debemos abordar la visión de la crianza respetuosa a la luz de las líneas claras de autoridad que las Escrituras establecen con respecto a la relación entre padres e hijos. Recuerda que, como vimos en el capítulo anterior, la crianza respetuosa nos invita a cambiar nuestro paradigma de crianza, lo cual implica cambiar también la estructura de autoridad.

Sarah Ockwell-Smith, anteriormente citada en el último capítulo, escribe en su libro *Gentle Discipline*:

La vida es difícil y confusa. Todos tenemos mucho que afrontar a diario, y si nosotros, como adultos, no navegamos este camino de manera perfecta todo el tiempo, entonces no deberíamos exigir que nuestros hijos lo hagan. Así que aceptar que tu hijo tendrá crisis y berrinches, tal como tú también los tienes a veces, es quizás la mejor manera de avanzar. Restablecer tus expectativas, comenzando con la base de que todos se comportan mal de vez en cuando, es un excelente punto de partida.[28]

La crianza respetuosa promueve una nueva base, una nueva forma de pensar sobre las conductas y, en última instancia, sobre las estructuras de autoridad, considerando a los padres como entrenadores y compañeros.

Un artículo de *parents.com* definía la crianza respetuosa de la siguiente manera:

La crianza respetuosa es una forma de educar sin vergüenza, culpa ni castigos. Está *centrada en la colaboración*, ya que tanto los padres como los hijos tienen voz en este estilo cooperativo. La crianza respetuosa es, como suena, un enfoque más suave y respetuoso para criar; y los padres y cuidadores que la practican lo hacen guiando a sus hijos con límites constantes y compasivos, no con mano dura.[29]

---

[28] Sarah Ockwell-Smith.
[29] Kimberly Zapata, énfasis añadido.

¿Debe la crianza ser una asociación (lo que al menos implica una mayor igualdad entre las partes)? ¿Debe ser una colaboración entre padres e hijos? La Biblia no permite que un padre cristiano vea su relación con el hijo como una asociación o colaboración. Más bien, debe entenderse como una mayordomía otorgada por Dios, en la que los padres ejercen la autoridad que les ha sido dada para el bien espiritual y el crecimiento del hijo hacia Cristo. Pablo se dirige directamente a los hijos en Colosenses 3:20 cuando escribe: «Hijos, sean obedientes a sus padres en todo, porque esto es agradable al Señor». Los hijos deben obedecer a sus padres en todo. Aquí, los padres son presentados como la autoridad sobre el hijo, y son ellos quienes establecen el estándar que el hijo debe obedecer. Dios da a los padres autoridad sobre sus hijos, y los hijos deben ser enseñados a someterse a esa autoridad. Pablo incluye la respuesta de Dios cuando esta estructura de autoridad funciona correctamente, al escribir en Colosenses 3:20 al final del versículo: «Porque esto es agradable al Señor».

Esta autoridad parental es parte del tejido de la ley moral. El quinto de los Diez Mandamientos trata sobre la autoridad. Éxodo 20:12 dice: «Honra a tu padre y a tu madre, para que tus días sean prolongados en la tierra que el Señor tu Dios te da». Este mandamiento trata de la sumisión de los hijos a la autoridad de sus padres, y muestra que la autoridad es parte fundamental de una sociedad bien ordenada. Este es el primer mandamiento de la segunda sección de los Diez Mandamientos, que abordan cómo debemos relacionarnos unos con otros. Quitar la autoridad de los padres y convertirlos en socios del niño es negar el orden que Dios creó y ha establecido para el bien y el florecimiento humano. Estimado lector, no se puede sostener al mismo tiempo la crianza respetuosa y la cosmovisión bíblica de la crianza.

SEGUNDA CRÍTICA. ERROR EN IDENTIFICAR LA RAÍZ DEL PROBLEMA

La crianza respetuosa identifica erróneamente el problema del niño (Identificación equivocada del problema raíz)

La crianza respetuosa considera que la mayor necesidad del niño es la autorrealización, y enseña que deben abordarse, e incluso eliminarse, los obstáculos que impiden que el niño se convierta en la mejor versión de sí mismo. Los niños son vistos como seres con emociones y sentimientos que deben ser gerenciados. Son considerados como inherentemente buenos, aunque con dificultades. Sin embargo, el modelo bíblico enseña que todas las personas son concebidas y nacen en pecado (Ro 5:12, 19; Sal 51:5). Las Escrituras son claras al afirmar que todos pecan y están destituidos de la gloria de Dios (Ro 3:23), y que toda intención de los pensamientos de su corazón es hacer siempre el mal (Gn 6:5). En esencia, el cristianismo y la crianza respetuosa parten de cosmovisiones contrarias sobre cuál es el problema fundamental del ser humano. El mayor problema de tu hijo no es la falta de realización o autorrealización. Su mayor problema es que es pecador, y el pecado es destructivo para todos aquellos en quienes habita.

Ahora bien, si los puntos de partida son diferentes, no debería sorprendernos que las conclusiones a las que llegan las ideologías psicológicas y el modelo bíblico de la familia también sean muy distintas. La Biblia y la crianza respetuosa no pueden reconciliarse porque, en su raíz, entienden el desafío del ser humano de maneras completamente distintas. En su labor de crianza y disciplina, los cristianos no solo desean enseñar a los hijos que el pecado tiene consecuencias temporales (de ahí la disciplina correctiva), sino también apuntarlos al Señor Jesús, quien puede salvarlos del castigo eterno que todo pecado merece. Desean mostrarles, en particular, quién es Jesús y lo que hizo por ellos, algo que solo puede recibirse por gracia mediante la fe. Porque el Señor Jesús es verdaderamente Dios y verdaderamente hombre. Y como hombre, vivió una vida sin pecado en lugar de Su pueblo y en beneficio de ellos, también murió una muerte sustitutiva por ellos, quitando así la ira de Dios que recaía sobre Su pueblo; y resucitó al tercer día y ascendió a la diestra de Dios Padre Todopoderoso (1Co 15:3-8, Ro 3:21-26, Hch 1:1-11, Heb 1:2-3). Esto significa que los padres deben disciplinar de tal forma, que comuniquen que el pecado tiene consecuencias reales en el tiempo y el espacio, pero que las consecuencias eternas del pecado pueden ser eliminadas en Cristo. Una disciplina fiel expresa ambas realidades. El castigo corporal (o cualquier tipo de disciplina punitiva bíblica), comunica al niño que sus acciones tienen consecuencias que Dios permite que experimentemos en nuestras vidas a causa del pecado. Pero en Cristo, nuestros pecados son perdonados para siempre, y no hay condenación para los que están en Él (Ro 8:1). La crianza bíblica aborda la realidad de la mayor necesidad del niño: ser reconciliado con Dios, obedecerlo, conocer a su Creador y disfrutar de Él. La crianza respetuosa ignora la necesidad más profunda de todos los niños y, en su lugar, exalta aquello que destruye a todos los seres humanos sin excepción: el yo.

CAPÍTULO TRES

Martyn Lloyd-Jones percibía claramente este abismo entre los psicólogos de su tiempo y la doctrina de las Escrituras. Él escribió:

> Ya vimos esto, por supuesto, en el capítulo anterior, cuando analizábamos algunos de los términos y definiciones bíblicos en relación con el pecado. A los psicólogos modernos no les agrada esto. Ellos dicen que lo que nosotros llamamos pecado es simplemente la ausencia de ciertas cualidades. No se debe decir que el hombre es positivamente malo; lo correcto, según ellos, es decir que no es bueno; el pecado es algo negativo. Pero la Biblia afirma que el pecado es positivo. No es la ausencia de bondad; es la presencia positiva o activa del mal y de la maldad.[30]

Lo que Lloyd-Jones enfatizaba es que, en su época, los psicólogos seculares pensaban que lo que estaba mal en el ser humano era algo que les faltaba para su realización, y no que su naturaleza fuera, en verdad, espiritualmente mala y perversa, que la humanidad no posee ningún bien espiritual inherente. Aunque son capaces de una moralidad natural, están totalmente en contra de la santa ley de Dios y en desacuerdo con su Creador. Por lo tanto, la raíz del problema humano, entendida desde la Biblia según Lloyd-Jones, es la depravación total. Desde el punto de vista del hombre moderno y secular de la época de Lloyd-Jones, el problema era la ausencia de ciertas cualidades que debían obtener. Hoy, bajo la metodología de la crianza respetuosa, se piensa que es la ausencia de poder ser

---

[30] Martyn Lloyd-Jones, *Great Doctrines of the Bible* [*Grandes doctrinas de la Biblia*] (Wheaton, IL: Crossway, 2003), 201.

nuestro verdadero yo, debido a limitaciones internas o externas que deben ser eliminadas.

Sin embargo, bíblicamente debemos entender que esta visión no puede ser sostenida por un cristiano, especialmente por aquel que lee que «toda intención de los pensamientos de su corazón era solo hacer siempre el mal» (Gn 6:5), y que «no hay justo, ni aun uno; no hay quien entienda, no hay quien busque a Dios» (Ro 3:10b-11). Romanos 1:28-32 expone la humanidad caída en sus inclinaciones naturales desde la caída; por lo tanto, la verdad contenida allí se aplica tanto, a quiénes son nuestros hijos, como a quiénes somos nosotros. Pablo dice esto:

> Y así como ellos no tuvieron a bien reconocer a Dios, Dios los entregó a una mente depravada, para que hicieran las cosas que no convienen. Están llenos de toda injusticia, maldad, avaricia y malicia, llenos de envidia, homicidios, pleitos, engaños, y malignidad. Son chismosos, detractores, aborrecedores de Dios, insolentes, soberbios, jactanciosos, inventores de lo malo, desobedientes a los padres, sin entendimiento, indignos de confianza, sin amor, despiadados.
>
> Ellos, aunque conocen el decreto de Dios que los que practican tales cosas son dignos de muerte, no solo las hacen, sino que también dan su aprobación a los que las practican (Ro 1:28-32).

Notarás las expresiones «aborrecedores de Dios», «soberbios», «indignos de confianza» y «desobedientes a los padres», por nombrar solo algunas. Pablo, en Romanos 3:9-20, muestra cómo la razón no puede solucionar ni corregir este problema. Él escribe:

¿Entonces qué? ¿Somos nosotros mejores que ellos? ¡De ninguna manera! Porque ya hemos denunciado que tanto judíos como griegos están todos bajo pecado. Como está escrito:

«No hay justo, ni aun uno;
No hay quien entienda,
No hay quien busque a Dios.
Todos se han desviado, a una se hicieron inútiles;
No hay quien haga lo bueno,
No hay ni siquiera uno.
Sepulcro abierto es su garganta,
Engañan de continuo con su lengua.
Veneno de serpientes hay bajo sus labios;
Llena está su boca de maldición y amargura.
Sus pies son veloces para derramar sangre.
Destrucción y miseria hay en sus caminos,
Y la senda de paz no han conocido.
No hay temor de Dios delante de sus ojos».

Ahora bien, sabemos que cuanto dice la ley, lo dice a los que están bajo la ley, para que toda boca se calle y todo el mundo sea hecho responsable ante Dios. Porque por las

> obras de la ley ningún ser humano será justificado delante de Él; pues por medio de la ley viene el conocimiento del pecado (Ro 3:9-20).

Estamos llenos de maldiciones, rápidos para hacer el mal, y no hay temor de Dios delante de nuestros ojos. No buscamos a Dios. Naturalmente, corremos hacia la miseria; y por medio de las obras de la ley no podemos salvarnos a nosotros mismos, según Pablo en el versículo 20. Desde la perspectiva bíblica, el problema es el pecado, no la falta de autorrealización.

El problema de nuestros hijos es su naturaleza pecaminosa. La única manera de abordar esto verdaderamente, es por medio del Espíritu de Dios, a través de los medios de la Palabra de Dios, en especial la ley y el evangelio. Esto significa, querido lector, que no puedes sostener una cosmovisión cristiana y al mismo tiempo confiar en la crianza respetuosa, porque esta última niega cuál es el verdadero problema de tu hijo en la vida y, un día, en la muerte.

TERCERA CRÍTICA. MALA DIRECCIÓN Y OBJETIVO

La crianza respetuosa les enseña a los niños un propósito de vida equivocado (Un objetivo malo)

«¿Por qué estamos aquí?». La crianza respetuosa respondería a esa pregunta diciendo: «Para ayudar a tus hijos a ser más *felices, más sanos y ser más auténticamente ellos mismos*».[31] El objetivo de gran

---

[31] Siegel y Bryson, X, énfasis añadido.

parte del pensamiento moderno sobre el propósito de la humanidad, es la idea de ser la mejor versión de nuestro verdadero yo. Todos somos únicos y tenemos diferentes habilidades, ideas, talentos, etc. Según esta visión, el objetivo de la vida es llegar a ser completamente uno mismo. Esto significa que la vida se trata de alcanzar la versión más feliz de mí mismo, y cualquier cosa que obstaculice o frene ese proceso debe ser tratada, eliminada o superada. Esta mentalidad, dicho sea de paso, es en gran medida la que está alimentando la proliferación de tantas ideologías sin Dios en la actualidad. El cristianismo no respondería a esa pregunta desde un enfoque centrado en el ser humano, sino desde una perspectiva centrada en Dios, lo cual representa una diferencia abismal en cuanto al verdadero sentido de la vida, y esta diferencia da forma, inevitablemente, a nuestra manera de criar.

Estamos aquí, como declara la primera pregunta del Catecismo Menor de Westminster, «para glorificar a Dios y gozar de Él para siempre».[32] Pablo, en 1 Corintios 10:31, escribe: «Entonces, ya sea que coman, que beban, o que hagan cualquier otra cosa, háganlo todo para la gloria de Dios». Pablo deja claro que el propósito del cristiano debe ser glorificar a Dios en todos los aspectos de la vida. La crianza bíblica enseña a los niños que existen por Dios, para Dios y ante Dios (Ro 11:36). Observa lo que enseña la crianza respetuosa: que los niños existen para disfrutar de sí mismos y exaltarse a sí mismos, para encontrar plenitud en su propio ser. La autorrealización, la satisfacción personal y la autoestima son los fines de la crianza respetuosa. Esta filosofía convierte el pecado de Adán

---

[32] Catecismo Menor, Iglesia Presbiteriana Ortodoxa: https://pc.org/sc.html (20 de marzo de 2024).

en el objetivo de la vida. En Génesis 3:5, la serpiente le dijo a Eva que sería como Dios el día que comiera del fruto. Ella gobernaría su propio destino y dictaría su propia vida y propósito. La crianza respetuosa busca equipar a los niños para que sean sus propios dioses, para que gobiernen su propia vida. En contraste, la crianza bíblica desea ver a los niños arrepentirse de sus pecados y de su egoísmo, y volverse a Cristo; someterse al señorío de Cristo sobre sus vidas, y vivir para gozar de Dios y glorificarlo; para ser siervos unos de otros, en Cristo. Estos dos propósitos no podrían estar más alejados entre sí. Los cristianos que adoptan la crianza respetuosa están, sin darse cuenta, llevando a cabo la filosofía de la serpiente en la educación de sus hijos, en lugar de seguir la exhortación apostólica de glorificar a Dios en todo lo que hagan.

No podemos sostener, al mismo tiempo, que la vida se trata de mí y de mi realización personal, y que la vida se trata de la gloria de Dios y de disfrutar de Él por medio de Cristo. La crianza respetuosa se opone firmemente a la autoridad bíblica, a la visión bíblica del pecado y a la visión bíblica del propósito de nuestra vida.

Dios dice en Isaías 48:9-11:

> Por amor a Mi nombre contengo Mi ira,
> Y para Mi alabanza la reprimo contra ti
> A fin de no destruirte.
> Pues te he purificado, pero no como a plata;
> Te he probado en el crisol de la aflicción.
> Por amor Mío, por amor Mío, lo haré,
> Porque ¿cómo podría ser profanado Mi nombre?
> Mi gloria, pues, no la daré a otro.

CAPÍTULO TRES

Querido cristiano, la crianza respetuosa respondería con el mismo silbido de la serpiente a tus oídos, susurrando: «No, eso no es correcto; Dios no debería negarte el compartir Su gloria. Deberías ser el dueño de tu propia vida. Deberías dirigir tu propio destino. Debes ser tu propio dios y hacer todas las cosas para tu propia gloria. Estás entrenando a tus hijos para hacer lo mismo: ser personas autosuficientes, a cargo de sus propios destinos. Estás colaborando con ellos para lograrlo». Bíblicamente, debes responder diciendo: «No puedo enseñar a mis hijos a luchar contra su Creador por el lugar de preeminencia, porque aunque pudiera ayudarles a alcanzar el éxito material, los estaría empujando por el camino hacia la destrucción eterna y la infelicidad perpetua. El gozo verdadero solo se encuentra en el contentamiento en Cristo (Fil 4)». ¿No es eso lo que deseamos para nuestros hijos: gozo verdadero, propósito verdadero? Solo se encuentra en glorificar a Dios y disfrutar de Él para siempre.

EXHORTACIÓN: NO ESCUCHES EL SILBIDO DE LA SERPIENTE; RECHAZA LA CRIANZA RESPETUOSA

En Génesis 3, la serpiente le pregunta a Eva, en el versículo 1: «¿Conque Dios les ha dicho: "No comerán de ningún árbol del huerto"?» La pregunta era: «¿Realmente, Dios dijo eso?». Satanás introdujo en la mente de Eva la idea de que la Palabra de Dios decía realmente, que no comieran de ningún árbol. Al sembrar duda sobre la Palabra de Dios, ella finalmente se apartó del mandato divino. Nosotros, como pueblo de Dios, debemos adorarlo conforme a Su Palabra. Esto es algo que el Espíritu Santo inspiró a Moisés a transmitir en Deuteronomio 4:1-2: «Ahora pues, oh Israel, escucha los estatutos y los decretos que yo les enseño para que los cumplan, a fin de que vivan y entren a tomar posesión de la tierra que el Señor, el Dios de sus padres, les da. Ustedes no añadirán nada a la palabra que yo les mando, ni quitarán nada de ella, para que guarden los mandamientos del Señor su Dios que yo les mando». Aquí encontramos el principio que comúnmente se llama: el «principio regulador». Este principio enseña que debemos adorar a Dios según lo indicado en Su Palabra en nuestras reuniones de adoración. Pero en realidad, no solo debemos adorarlo según Su Palabra en la iglesia local, sino también en todos los aspectos de nuestra vida. Esto incluye *cómo criamos* a nuestros hijos.

Como cristianos, no tenemos la opción de criar como queramos. Debemos criar conforme a la Palabra de Dios y para la gloria de Dios. La crianza respetuosa rechaza el método de corrección (es decir, el castigo por el mal comportamiento), rechaza la autoridad adecuada y rechaza decirle a un niño que está equivocado. En su lugar, esta filosofía se enfoca en la positividad en lugar de la corrección, y en la redirección en lugar de la confrontación. En cada aspecto, la crianza respetuosa se opone a la Palabra de Dios respecto a cómo debemos criar a nuestros hijos. Esto obliga al cristiano a tomar una decisión: ¿viviremos conforme a la Palabra de Dios o según esta nueva moda pasajera y viento de doctrina humana?

Juan Calvino escribe en la *Institución de la religión cristiana*: «Nuestra sabiduría, en cuanto debe ser considerada como verdadera y sólida sabiduría, consiste casi enteramente en dos partes: el conocimiento de Dios y el conocimiento de nosotros mismos».[33]

---

[33] John Calvin, *Institutes of the Christian Religion* [*Institución de la religón cristiana*], trad. Henry

CAPÍTULO TRES

Calvino continúa diciendo: «Hablando con propiedad, no podemos decir que Dios es conocido donde no hay religión o piedad... Por piedad entiendo esa unión de reverencia y amor hacia Dios que inspira el conocimiento de Sus beneficios».[34] Sin el conocimiento de Dios y de nosotros mismos, no podemos tener verdadera piedad, es decir, una vida que genuinamente esté conforme a la intención de Dios para nosotros como Su pueblo. Por tanto, para saber cómo criar, debemos conocer a Dios, conocer quiénes somos realmente, qué necesitamos verdaderamente, y qué nos manda Él a hacer. Sin estas cosas, en verdad andaríamos a ciegas, sujetos a toda idea novedosa que brilla ante nuestros ojos, sin ver su fragilidad con el tiempo. Por eso, en el próximo capítulo nos esforzaremos por estudiar a Dios y la crianza según Su Palabra. Pero, antes de hacerlo, quiero presentar de manera resumida la diferencia entre la cosmovisión que informa la ideología de la crianza respetuosa y la visión bíblica de la crianza:

«Crianza respetuosa»

1. Está centrada en la *colaboración*, ya que tanto padres como hijos tienen voz en este estilo de crianza *compartido*.[35]
2. Busca ayudar a los niños a ser más felices, más sanos *y ser más auténticamente ellos mismos*.[36]

Beveridge (Peabody, MA: Hendrickson, 2007), 4.
[34] John Calvin, *Institutes*, 7.
[35] Kimberly Zapata.
[36] Siegel y Bryson, X, énfasis añadido.

3. Es un estilo de crianza que tiene como objetivo formar niños felices, seguros de sí mismos e *independientes*.[37]

Crianza bíblica

1. La autoridad de los padres proviene de Dios: «Hijos, sean obedientes a sus padres» (Col 3:20; Ex 20:12).
2. Toda intención de los pensamientos del corazón humano es solo hacer siempre el mal, y todos hemos pecado y estamos destituidos de la gloria de Dios, por lo cual necesitamos el don de la salvación (Gn 6:5; Ro 3:23; Ro 6:23).
3. Fuimos creados para glorificar a Dios y disfrutar de Él (1Co 10:31; Is 48:9-11).

Esta no es la primera vez que un cristiano se ve obligado a escoger entre seguir el curso de este siglo o el camino de la fidelidad a la Palabra de Dios. En el conocido pasaje de Josué leemos:

> Ahora pues, teman al Señor y sírvanle con integridad y con fidelidad. Quiten los dioses que sus padres sirvieron al otro lado del Río y en Egipto, y sirvan al Señor.
>
> Y si no les parece bien servir al Señor, escojan hoy a quién han de servir: si a los dioses que sirvieron sus padres, que estaban al otro lado del río, o a los dioses de

---
[37] Michael Vallejo.

los amorreos en cuya tierra habitan. Pero yo y mi casa, serviremos al Señor (Jos 24:14-15).

No adoremos a los dioses de esta era ni vivamos según la ideología de este presente siglo malo, sino que seamos un pueblo que puede decir con sinceridad: «Pero yo y mi casa serviremos al Señor». Querido lector, ¿serás tú ahora como Josué y tomarás posición firme con Dios y Su Palabra, para la gloria de Dios y el bien de tus hijos? La Palabra de Dios y Sus caminos son, en verdad, lo mejor para las almas de nuestros hijos. Les dan acceso a aquello que los llevará con seguridad a las orillas de la Ciudad Celestial de gloria. La crianza bíblica los lleva al rostro del Señor Jesús, para que puedan conocerlo por gracia, mediante la fe.

CAPÍTULO CUATRO

RESUMEN DEL ENFOQUE BÍBLICO PARA LA CRIANZA DE LOS HIJOS

¿Cómo debemos, los cristianos, abordar la crianza y la disciplina? Ya hemos ofrecido una crítica a los métodos de la crianza respetuosa; ahora debemos examinar las soluciones bíblicas que tenemos disponibles en cuanto a la crianza y la disciplina de los hijos. Para hacerlo, consideraremos dos categorías principales. Primero, observaremos a Dios Padre como el ejemplo que debemos procurar imitar, aunque de forma limitada. Segundo, analizaremos brevemente las exhortaciones bíblicas relacionadas con la crianza y la disciplina. El objetivo no es presentar un enfoque exhaustivo sobre la crianza bíblica. Para ello, se pueden recomendar libros, uno de ellos es *Como pastorear el corazón de tu hijo* de Tedd Tripp y *Home Reformation* [*Reforma en el hogar*] de Adam Burrell. Con el fin de ofrecer una solución básica, examinaremos brevemente la crianza y la disciplina según el libro, es decir, según las Escrituras.

DIOS EL PADRE COMO EJEMPLO DE CRIANZA

En Hebreos 12:5-11, leemos acerca de la amorosa disciplina de Dios hacia Sus hijos redimidos y adoptados.

Además, han olvidado la exhortación que como a hijos se les dirige:

«Hijo Mío, no tengas en poco la disciplina del Señor,
Ni te desanimes al ser reprendido por Él.
Porque el Señor al que ama, disciplina,
Y azota a todo el que recibe por hijo».

Es para su corrección que sufren. Dios los trata como a hijos; porque ¿qué hijo hay a quien su padre no discipline? Pero si están sin disciplina, de la cual todos han sido hechos participantes, entonces son hijos ilegítimos y no hijos verdaderos. Además, tuvimos padres terrenales para disciplinarnos, y los respetábamos, ¿con cuánta más razón no estaremos sujetos al Padre de nuestros espíritus, y viviremos? Porque ellos nos disciplinaban por pocos días como les parecía, pero Él nos disciplina para nuestro bien, para que participemos de Su santidad. Al presente ninguna disciplina parece ser causa de gozo, sino de tristeza. Sin embargo, a los que han sido ejercitados por medio de ella, después les da fruto apacible de justicia.

Dios Padre disciplina a Sus hijos. Él es la autoridad sobre Su pueblo. Ejerce esa autoridad con amor. Él corrige, enseña y confronta. No disciplina con ira (Ro 8:1), sino de una manera que tiene como objetivo producir santidad de vida (Heb 12:10). Su disciplina puede ser dolorosa, pero produce el fruto de justicia en los que han sido ejercitados por ella (Heb 12:11). Cuando pensamos en la crianza a la luz del ejemplo de Dios con Su pueblo, vemos que en el Antiguo Testamento Él castigó a Su pueblo por su desobediencia. Observamos que nunca quebrantó Sus promesas. Fue fiel a Su Palabra en todo lo que dijo que haría. Leemos cómo apelaba a la conciencia de Su pueblo, el recordatorio de Su ley a través de los profetas, la proclamación de Su amor, Su liberación del castigo y Su provisión constante para sus necesidades. Observamos cómo se negó firmemente a compartir el corazón y los afectos de Su pueblo con el pecado. A partir del ejemplo de Dios Padre, podemos concluir que la crianza y la disciplina bíblica deben ser:

Autoritativa
Consistente
Correctiva
Punitiva
Instructiva
Amorosa
Cristocéntrica
Orientada a la santidad
Constante

Dios disciplina a quienes ama (Heb 12:6). Amar a tus hijos significa que los corregirás punitiva y amablemente, abordando su pecado con dominio propio y cuidado. Los castigarás. Establecerás los límites de la autoridad legítima. Les comunicarás con claridad cuál ha sido su error. Les hablarás sobre la ley y sobre la gracia en el evangelio. Serás un reflejo, aunque limitado, del ejemplo de Dios Padre en la forma cómo Él ama a Sus hijos. Si profesas haber experimentado el amor de Dios en Cristo Jesús, y si eso es cierto, entonces debes sentirte impulsado a mostrar ese mismo amor a tus hijos. El apóstol Juan escribe: «Nosotros amamos porque Él nos amó primero» (1Jn 4:19). Esto significa que solo el cristiano puede amar, verdaderamente, de forma correcta, porque ha sido amado correctamente.

El libro de Proverbios relaciona el amor hacia nuestros hijos con la disciplina y la formación en la verdad, con autoridad y cuidado. El autor de Proverbios lo expresa en dos pasajes:

> El que evita la vara odia a su hijo,
> Pero el que lo ama lo disciplina con diligencia
> (Pro 13:24).

> Disciplina a tu hijo mientras hay esperanza,
> Pero no desee tu alma causarle la muerte (Pro 19:18).

Querido lector, sé un reflejo del Padre Celestial que guía a Sus hijos por el camino de la vida y el gozo, y que los ama lo suficiente como para disciplinarlos (corrigiéndolos con la vara, es decir, con amor, no con ira); para comunicarles la verdad; para enseñarles a someterse a la autoridad; para mostrarles que existen para la gloria de Dios; para llevarlos a Dios mediante la fe en el Señor Jesús; para enseñarles que el pecado tiene consecuencias, castigando sus acciones de rebelión y recordándoles que todo pecado es perdonado eternamente por Dios a quienes confían en el Señor Jesús.

CAPÍTULO CUATRO

EXHORTACIONES BÍBLICAS SOBRE LA ENSEÑANZA Y LA DISCIPLINA

La familia es el lugar donde los hijos deben ser formados en la verdad de Dios. Este fue el legado de Timoteo. Leemos en 2 Timoteo 1:5: «Porque tengo presente la fe sincera que hay en ti, la cual habitó primero en tu abuela Loida y en tu madre Eunice, y estoy seguro que en ti también». La fe de Timoteo era una fe que vivió primero en su madre y su abuela. Ellas le enseñaron las Escrituras, las cuales pueden dar la sabiduría que lleva a la salvación. Más adelante, en la misma carta, Pablo le recuerda esta realidad: «Tú, sin embargo, persiste en las cosas que has aprendido y de las cuales te convenciste, sabiendo de quiénes las has aprendido. Desde la niñez has sabido las Sagradas Escrituras, las cuales te pueden dar la sabiduría que lleva a la salvación mediante la fe en Cristo Jesús» (2Ti 3:14-15).

En su libro *Family Shepherds*, Voddie Baucham destaca el énfasis de Pablo en el hogar como el lugar principal de formación y discipulado. Él escribe: «Pablo reconoce el legado de discipulado hogareño de Timoteo (2Ti 1:4-5; 3:15), insiste en que un historial comprobado de discipulado efectivo en el hogar es un requisito importante para el ministerio en la iglesia (1Ti 3:4-5), y llama específicamente a los padres a criar a sus hijos en la fe (Ef 6:4)».[38] La valiosa herencia espiritual de Timoteo, incluyó una familia que vivía las exhortaciones del Antiguo Testamento acerca de la conducta familiar.

Moisés, en Deuteronomio, estableció lo que las familias debían llevar a cabo dentro de su estructura. ¿Cuál era su enfoque y su

---

[38] Voddie Baucham Jr., *Family Shepherds* [*Pastores de familia*] (Wheaton, IL: Crossway, 2011), 23.

práctica en la crianza de los hijos según Deuteronomio 6 y Deuteronomio 11?

Deuteronomio 6:4-9
Escucha, oh Israel, el Señor es nuestro Dios, el Señor uno es. Amarás al Señor tu Dios con todo tu corazón, con toda tu alma y con toda tu fuerza. Estas palabras que yo te mando hoy, estarán sobre tu corazón. Las enseñarás diligentemente a tus hijos, y hablarás de ellas cuando te sientes en tu casa y cuando andes por el camino, cuando te acuestes y cuando te levantes. Las atarás como una señal a tu mano, y serán por insignias entre tus ojos. Las escribirás en los postes de tu casa y en tus puertas.

Deuteronomio 11:18-21
Graben, pues, estas mis palabras en su corazón y en su alma; átenlas como una señal en su mano, y serán por insignias entre sus ojos. Enséñenlas a sus hijos, hablando de ellas cuando te sientes en tu casa y cuando andes por el camino, cuando te acuestes y cuando te levantes. Y escríbelas en los postes de tu casa y en tus puertas, para que tus días y los días de tus hijos sean multiplicados en la tierra que el Señor juró dar a tus padres, por todo el tiempo que los cielos permanezcan sobre la tierra.

Cuando leemos las palabras de Moisés en Deuteronomio 6 y Deuteronomio 11, encontramos expresiones como: «Las enseñarás diligentemente a tus hijos», «hablarás de ellas cuando te sientes en tu casa y cuando andes por el camino, cuando te acuestes y cuando te levantes», y «enséñenlas a sus hijos, hablando de ellas cuando te sientes en tu casa y cuando andes por el camino, cuando te acuestes y cuando te levantes». Observa cómo el énfasis recae en el hogar, como el lugar principal de formación de los hijos en la verdad del pacto mosaico del Antiguo Testamento. Era el lugar primordial donde los niños debían escuchar y aprender los mandamientos de Dios, donde debían ser instruidos en cómo adorar a Yahvé según Su Palabra, cómo presentar sacrificios ante Él, y cómo debían vivir en santidad, diferenciándose de las naciones que los rodeaban. Allí debían aprender cómo Dios los libró de la esclavitud en los eventos del éxodo, y cómo Él fue fiel a las promesas hechas a Abraham, Isaac y Jacob. Debían ser enseñados a esperar la Simiente prometida de la mujer (Gn 3:15; Gn 12:3) y al Profeta como Moisés (Dt 18:15-19). La familia es el lugar donde deben corregirse los pensamientos y comportamientos errados de los hijos, conforme a la ley de Dios y Sus promesas.

LA POSTURA DE LA CRIANZA CRISTIANA

Pablo reafirma los mandatos del Antiguo Testamento cuando escribe la carta a los Efesios, estando preso por causa de su fe. En Efesios 6:1-4, escribe la siguiente exhortación:

> Hijos, obedezcan a sus padres en el Señor, porque esto es justo. Honra a tu padre y a tu madre (que es el primer mandamiento con promesa), para que te vaya bien, y para que tengas larga vida sobre la tierra. Y ustedes,

padres, no provoquen a ira a sus hijos, sino críenlos en la disciplina e instrucción del Señor.

Pablo muestra que la autoridad dentro de la familia debe ser respetada, ya que los hijos deben someterse a sus padres. Sin embargo, esa autoridad no debe ejercerse de manera cruel ni severa. Esto parece ser la razón por la que Pablo declara en el versículo 4 de forma negativa: «Y ustedes, padres, no provoquen a ira a sus hijos». Calvino comenta al respecto:

> Por otro lado, se exhorta a los padres a no irritar a sus hijos con una severidad irrazonable. Esto provocaría odio y los llevaría a rechazar completamente el yugo… Una actitud áspera y poco amable los incita a la obstinación y destruye los afectos naturales.[39]

Lo que Calvino quiere señalar, es que la crianza bíblica no implica usar la autoridad como una licencia para gritar, menospreciar, tratar cruelmente o ser áspero con el niño. La manera cómo el padre ejerce su autoridad debe ser con la misma firmeza y amor que se modela en el cuidado que Dios Padre tiene por la iglesia. La crianza cristiana es autoritativa, pero no abusa de esa autoridad. Impone demandas, pero no de manera irrazonable. Es firme, pero amable. Un padre no debe disciplinar, azotar ni poner al niño en aislamiento (entendido bíblicamente), etc., con ira, sino siempre con amor hacia el niño, para la gloria de Dios.

---

[39] John Calvin, *Ephesians, Calvin's Commentaries* [*Efesios, Comentarios de Calvino*], Vol. XXI (Grand Rapids: Bakers House, 1981), 328-329.

Además, debemos entender a nuestros hijos para saber qué método de disciplina punitiva sería más efectivo. Los niños no vienen en una talla única (un hecho que lleva a los creyentes a una mayor dependencia de Dios en la crianza de sus hijos). Seguimos el modelo bíblico, pero también lo hacemos de una manera que obedezca la exhortación de Pablo de no «provocar a ira» a nuestros hijos. Por ejemplo, tengo cuatro hijos, y todos son diferentes. Sus naturalezas pecaminosas se manifiestan de distintas maneras, al igual que sus temperamentos como seres hechos a imagen de Dios. Tengo un hijo que, si tan solo le dirijo una mirada severa, se deshace en llanto por su transgresión. Tengo otro hijo a quien algunos castigos, en ocasiones, no le afectan en lo más mínimo. Sin embargo, la verdad y los principios bíblicos eternos sobre la crianza no cambian y deben aplicarse en ellos, y usarse de una manera que sea coherente con sus temperamentos. ¿Qué es exactamente lo que debemos hacer en nuestra crianza y disciplina según Pablo en Efesios 6:4? Ya hemos leído sobre nuestra actitud en la crianza bíblica; ahora necesitamos repasar la metodología bíblica.

LOS DEBERES DE LA CRIANZA CRISTIANA SEGÚN EL APÓSTOL PABLO

Veamos una vez más lo que escribió Pablo en Efesios 6:1-4, donde retoma la instrucción bíblica del Antiguo Testamento que leemos en Deuteronomio. En Efesios 6:1-4, escribe la siguiente exhortación:

> Hijos, obedezcan a sus padres en el Señor, porque esto es justo. Honra a tu padre y a tu madre (que es el primer mandamiento con promesa), para que te vaya bien, y para que tengas larga vida sobre la tierra. Y ustedes, padres, no provoquen a ira a sus hijos, sino críenlos en la disciplina e instrucción del Señor.

Después de explicar la actitud que debe tener el padre en la crianza, Pablo pasa a *cómo* debe llevarse a cabo esa crianza en el resto del versículo 4. Pablo utiliza dos palabras para resumir lo que se requiere de los padres, particularmente del padre, lo cual es una reafirmación de lo que ya se enseña en Deuteronomio 6 y 11. Las dos palabras principales que utiliza con respecto a los padres y sus hijos son «disciplina» e «instrucción»:

> «Disciplina» es una traducción de la palabra griega *paideia*, que es un sustantivo que significa corrección con el fin de mejorar la conducta, así como también enseñanza.[40]

> «Instrucción» se traduce de la palabra griega *nouthesía*, que es un sustantivo que significa advertencia, amonestación y enseñanza.[41]

---

[40] James Swanson, *Dictionary of Biblical Languages with Semantic Domains: Greek (NT)* [*Diccionario de lenguas bíblicas con dominios semánticos: griego (NT)*], electronic ed. (Oak Harbor, WA: Logos Research Systems, Inc., 1997).

[41] James Swanson.

Ahora bien, no se trata de cualquier tipo de enseñanza y disciplina. Es una enseñanza y disciplina que son «del Señor». Se trata de enseñar a los hijos la ley y el evangelio de Dios. Es disciplinarlos conforme al camino del Señor Jesucristo, tal como se revela en las Escrituras, y no según las recomendaciones del mundo en esta era presente y malvada. Criarlos en la disciplina y la instrucción «del Señor» es la enseñanza y disciplina específica que se nos ordena practicar como padres y como familias. La expresión «del Señor» deja en claro que el aprendizaje y la instrucción en el hogar deben centrarse en la persona, la obra y las Escrituras (tanto del Antiguo como del Nuevo Testamento [Ef 2:19-21]) del Señor Jesús.

ENTONCES, ¿CÓMO DISCIPLINO?

¿Cómo debemos disciplinar a nuestros hijos? Primero, usamos la ley y el evangelio. Cuando nuestro hijo hace algo que merece una disciplina correctiva, lo guiamos a través de la ley. Le ayudamos a ver su transgresión, su corazón como transgresor de la ley y pecador ante Dios, y luego lo animamos a ver lo que realmente necesita: el evangelio. Hacemos esto antes de aplicar una disciplina punitiva con amor, y le recordamos que en Cristo no hay condenación eterna, y que el castigo que está por recibir es una consecuencia de su pecado en esta vida, una consecuencia que deberá afrontar, pero que en Cristo las consecuencias eternas han sido eliminadas (Ro 8:1).

Después de disciplinar al niño, ya sea mediante una nalgada, un tiempo a solas, o algún otro tipo de consecuencia (todos ellos son aplicaciones de la vara de Proverbios 13:24), es importante acercarnos a él para decirle que lo amamos. Piensa en cuán frecuentemente Dios declara Su amor por Su pueblo, incluso en medio de la disciplina. El Señor Jesús hace esto con Laodicea en Apocalipsis 3:19: «Yo reprendo y disciplino a todos los que amo. Sé, pues, celoso y arrepiéntete». También en Hebreos 12:6: «Porque el Señor al que ama, disciplina, y azota a todo el que recibe por hijo». Querido lector, que siempre recordemos que cuando Dios, el Padre perfecto, nos disciplina (a nosotros, Su iglesia, a quien ama), lo hace para formarnos, porque nos ama. El autor de Hebreos 12:11 escribe: «Al presente ninguna disciplina parece ser causa de gozo, sino de tristeza. Sin embargo, a los que han sido ejercitados por medio de ella, después les da fruto apacible de justicia».

El ejemplo del pequeño *Johnny*

Imagina conmigo cómo podría verse esto en la práctica. Tu hijo, llamémosle Johnny, se roba algunas de las galletas que preparaste para un vecino. Le dijiste a Johnny que no se acercara a las galletas, pero él tomó varias. El rastro de migas lo delató. Te sientas con Johnny y revisas los Diez Mandamientos. ¿Los ha quebrantado? Le recuerdas el octavo mandamiento, que prohíbe robar, es decir, tomar algo que no te pertenece. Le preguntas a Johnny: «¿En qué te convierte el hecho de robar?». Si Johnny ha hecho esto más de una vez (lo cual es muy probable), ya tendrá una idea de la respuesta correcta. Él responde: «Un ladrón. Un transgresor de la ley». Entonces haces una segunda pregunta: «Johnny, ¿qué merece tu pecado como ladrón?». Él responde, como le has enseñado: «Juicio, castigo, muerte». Luego le preguntas qué necesita, y nuevamente, si ya has tenido esta conversación con el pequeño Johnny antes, él conoce la respuesta: «A Jesús». Cuando le das una nalgada, le recuerdas que sus acciones aún tienen consecuencias en esta vida presente, y por eso ha sido disciplinado. Pero también le explicas que, en la vida venidera, Cristo ha eliminado todas las consecuencias y castigos para aquellos que creen en Él. Observa bien lo que le has enseñado, y lo que no. Le has enseñado lo que hay en su corazón delante de Dios, revelado por su transgresión de la ley divina. Le has enseñado que la solución para su corazón pecaminoso y su desobediencia no es simplemente portarse mejor. Más bien, le has recordado su necesidad de Jesús: la persona de Jesús (verdaderamente Dios y verdaderamente hombre, sin pecado), y de lo que Él logró (Su vida perfecta, Su muerte en la cruz por los pecados de Su iglesia, Su resurrección y ascensión). Le has enseñado a Johnny que en Cristo el pecado del creyente es perdonado, pero que aún enfrentará consecuencias temporales en esta era malvada por sus acciones. Has corregido y enseñado a Johnny conforme a la verdad de la ley y del evangelio de Dios. Estás preparando a Johnny para la vida, bíblicamente. Estás siendo fiel al amar el alma de Johnny.

La *disciplina* y la *instrucción* deben ir juntas, aplicar un castigo para entrenar al niño con respecto a las consecuencias de sus actos en la vida, y enseñarle cómo debe vivir según la Palabra. Queremos que nuestros hijos estén llenos de sabiduría. *La sabiduría es la verdad de la Palabra de Dios aplicada correctamente a la vida diaria.* Cuando disciplinas a tu hijo, debes instruirlo con calma y claridad en las verdades de las Sagradas Escrituras y en cómo vivir conforme a ellas, también, debes explicarle las consecuencias de no vivir según la Palabra y el estándar de Dios. Nuestros hijos necesitan reconocer su necesidad de la persona y la obra del Señor Jesús para ser librados del castigo, del poder, y, algún día, de la presencia del pecado. Necesitan aprender que el amor por Cristo es lo que impulsa nuestra obediencia como cristianos (Jn 14:15).

La crianza bíblica encuentra a los hijos dónde están y busca pastorearlos hacia donde la Biblia los llama a estar. Para lograrlo, debemos entender el corazón de nuestros hijos y qué influencias los están moldeando. Según Tedd Tripp, en su libro *Como pastorear el corazón de tu hijo*, hay dos cosas que los padres debemos tener en cuenta al enseñar y disciplinar a nuestros hijos:

1. Sus influencias formativas:
   a. La estructura de la vida familiar.
   b. Los valores familiares.
   c. Los roles dentro de la familia.
   d. La manera cómo la familia responde al fracaso.
   e. La historia familiar.
   f. La forma cómo la familia resuelve los conflictos.

> Estas influencias moldean la visión y el comportamiento de nuestros hijos, tanto de manera positiva como negativa.[42]

Tripp continúa describiendo el segundo factor importante, al que llama, «la orientación del niño hacia Dios». Él escribe:

> 2. Nuestros hijos e hijas no son receptores pasivos de influencias formativas. Responden activamente. Nuestros

---
[42] Tedd Tripp, *Cómo pastorear el corazón de tu hijo*.

hijos e hijas responderán según la orientación de su corazón hacia Dios, si nuestro hijo ama a Dios y conoce a Dios, entonces responderá de manera más constructiva a los esfuerzos de formación con el paso del tiempo. Pero si el niño no conoce a Dios ni ama a Dios, intentará satisfacer su deseo de adorar por medio de ídolos del mundo que tiene ante sí. En última instancia, ni siquiera las mejores influencias formativas pueden cambiar el corazón, lo que hacen es exponer al corazón a su necesidad de Jesús. Es el Espíritu de Dios quien lleva al corazón a amar a Dios y conocerlo a través del evangelio de Jesús.

Estamos llamados a hacer todo lo que esté a nuestro alcance para criar a nuestros hijos correctamente, pero, en última instancia, el resultado es más complejo que simplemente haber hecho lo correcto de la manera correcta.[43]

Lo que leemos aquí, es la realidad bíblica de que nuestros hijos están influenciados por el tipo de cultura y filosofía familiar en la que son criados, así como por la condición de su corazón ante Dios (convertido o no convertido). Las naturalezas pecaminosas de los hijos nos revelan su verdadera condición, y es esa condición la que debemos tener presente al enseñar y disciplinar. Esto debería llevar a los padres, sobre todo, a orar por sus hijos sin cesar, y a aferrarse a promesas como la de 1 Corintios 7:14, donde leemos que los hijos son «santos» para el Señor a causa de un padre creyente. Ellos tienen acceso al evangelio, que es el medio que Dios usa para atraer a las personas a Sí mismo. Matthew Henry escribe:

---

[43] Tedd Tripp, 18.

> Solo Dios puede cambiar el corazón, pero Él bendice las buenas enseñanzas y los buenos ejemplos de los padres, y responde a sus oraciones. Sin embargo, aquellos cuya mayor preocupación es que sus hijos sean ricos y exitosos, sin importar lo que ocurra con sus almas, no deben esperar la bendición de Dios.[44]

Debemos orar por nuestros hijos, enseñarles y disciplinarlos. También sería sabio incorporar la antigua práctica de la *adoración familiar* dentro de nuestra estructura familiar, como una forma de obedecer en parte lo que enseñan Deuteronomio 6, 11 y Efesios 6:4. John Shower, en su libro *Family Religion,* escribió:

> Si Dios es el fundador, el dueño, el gobernador y el benefactor de las familias; si esas pequeñas sociedades han sido instituidas por Él y necesitan y reciben diariamente misericordias de Su parte, entonces es justo que Él sea adorado y reconocido cada día en cada familia. Antes de la entrega de la ley a Moisés, ¿cómo era adorado Dios, sino en el dentro de cada familia? La adoración familiar fue el primer tipo de adoración social.[45]

---

[44] Matthew Henry & Thomas Scott, *Matthew Henry's Concise Commentary, on Ephesians 6:1* [*Comentario conciso de Matthew Henry sobre Efesios 6:1*] (Oak Harbor, WA: Logos Research Systems, 1997).

[45] John Shower, *Family Religion* [*Religión familiar*], 35-36, en *Ore from the Puritans' Mine* [*Oro de la mina de los puritanos*], Dale W. Smith (Grand Rapids: Reformation Heritage, 2020), 183.

CAPÍTULO CUATRO

¿QUÉ ES LA ADORACIÓN FAMILIAR?

La adoración familiar es un tiempo apartado de manera constante para que la familia lea junta la Palabra de Dios, aprenda las doctrinas de la Palabra, ore a partir de las verdades de la Palabra y cante la Palabra para la gloria de Dios. El objetivo de la adoración familiar es instruir a nuestros hijos en justicia y ver a esposos y esposas crecer en amor por Cristo mediante la Palabra. Muchas personas se resisten a llevar a cabo la adoración familiar a diario porque se sienten intimidadas por la idea. Sin embargo, los beneficios de la adoración familiar deben entenderse bien, porque son significativos. El Dr. Joel Beeke, en su libro *Family Worship*, señala los siguientes beneficios de la adoración familiar:

1. El bienestar eterno de tus seres queridos.
2. La satisfacción de una buena conciencia.
3. Ayuda en la crianza de los hijos.
4. La brevedad del tiempo.
5. Amor por Dios y Su iglesia.[46]

Beeke, acertadamente en mi opinión, presenta razones convincentes por las cuales las familias deberían hacer de la adoración familiar una prioridad.

Ahora bien, algunas familias quieren hacerlo, pero no saben por dónde empezar. Entonces, ¿cómo lo hacemos? Podría recomendar varios libros para ayudarte: *Family Worship* [*Adoración familiar*], de Joel Beeke; *A Guide to Family Worship* [*Una guía para la adoración*

---

[46] Joel Beeke, *Family Worship* [*Adoración familiar*] (Grand Rapids: Reformation Heritage, 2009), 41-47.

familiar], de Ryan Bush; y también un libro que yo mismo escribí para comenzar, titulado *A Family Journey Through Doctrine* [*Un viaje familiar a través de la doctrina*]. A continuación, quiero citar un breve modelo extraído de *A Family Journey Through Doctrine*, que podría ayudarte a dar los primeros pasos en la adoración familiar.

Guía diaria de seis pasos para la adoración familiar

1. Oración de apertura (2 minutos).
2. Leer la Escritura (5 minutos).
3. Discutir la Escritura (5 minutos).
4. Memorizar la Escritura (2 minutos).
5. Doctrinas de la Escritura (2 minutos).
   - Hay muchas herramientas útiles aquí.
   Los catecismos son muy útiles. Un catecismo es un método para enseñar doctrina a través de preguntas y respuestas. Existen el *Catecismo Bautista*, el *Catecismo de Heidelberg* y el *Catecismo Menor de Westminster*.
6. Cantar verdades bíblicas (3 minutos).
7. Orar la verdad (2 minutos).
   - La fórmula para la oración familiar es:
     a. Alabanza (destacar los atributos de Dios y darle alabanza y gloria).

    b. Petición (pedir a Dios perdón por el pecado en Cristo y que supla las necesidades según Su voluntad y para Su gloria).

    c. Acción de gracias (agradecer a Dios por Su gracia y alabarle).[47]

EXHORTACIÓN FINAL

La disciplina bíblica y la adoración familiar son necesarias para edificar familias saludables. El pueblo de Dios está llamado a glorificar a Dios conforme a Su Palabra, a vivir según Su Palabra, a criar y disciplinar a sus hijos conforme a Su Palabra. Dios nos creó. El Dios que todo lo sabe, conoce lo que es mejor para nuestras vidas y nuestra crianza. ¿Por qué buscamos otras fuentes fuera de las Escrituras para guiar nuestra crianza y disciplina? Hacerlo demuestra una falta de fe en la suficiencia de las Escrituras y, en efecto, en la soberanía de Dios sobre nuestra crianza y nuestras vidas.

---

[47] Justin Miller, *A Family Journey Through Doctrine* [*Un viaje familiar a través de la doctrina*] (Eugene, OR: Resource, 2021). Adaptado y modificado el 1 de octubre de 2022 y 5 de noviembre de 2024.

CAPÍTULO CINCO

EL PUNTO CENTRAL DEL ASUNTO: LA SUFICIENCIA DE LA ESCRITURA PARA EL PADRE CRISTIANO

Llegamos ahora al punto central del asunto. ¿Qué está realmente en juego al escribir un libro como este, cuyo propósito es hacer una crítica a la crianza respetuosa? ¿Por qué es necesario? ¿Realmente importa tanto? Es aquí donde quiero rogarte, querido lector, como un hermano cristiano que habla a otro miembro de la familia de la fe. La presuposición que he hecho a lo largo de todo este libro, es que el lector es un cristiano profesante. No me estoy dirigiendo a quienes no consideran la Biblia como la Palabra de Dios ni tienen a Jesucristo como Señor (por la fe sola), como su Redentor y Mediador ante el tribunal de Dios. Este libro es para el cristiano que cree que la Biblia es la Palabra de Dios. Como tal, estarás de acuerdo con la declaración sobre las Escrituras contenida en la segunda Confesión Bautista de Londres de 1689:

La Santa Escritura es la única regla suficiente, segura e infalible de todo conocimiento, fe *y obediencia* salvíficos. Aunque la luz de la naturaleza, las obras de la creación y la providencia manifiestan de tal manera la bondad, la sabiduría y el poder de Dios, que dejan a los hombres sin excusa, sin embargo no son suficientes para impartir aquel conocimiento de Dios y de Su voluntad que es necesario para la salvación.[48]

La Confesión Belga afirma:

Creemos que esas Sagradas Escrituras contienen completamente la voluntad de Dios y que todo lo que el hombre deba creer para salvación es enseñado de manera suficiente en ellas; ya que toda forma de adoración que Dios requiere de nosotros está extensamente escrita en ellas, es ilegítimo para toda persona, aunque sea un apóstol, enseñar de manera diferente a lo que ahora se nos enseña en las Sagradas Escrituras: *más aun, ni un ángel del cielo*, como dice el apóstol Pablo. Debido a que está prohibido *agregar o quitar algo de la Palabra de Dios*, es evidente que la enseñanza es completa y perfecta en todos los aspectos.[49]

Estarás de acuerdo en que la Escritura es la regla suficiente y autorizada para toda obediencia del cristiano. El comentario en *The ESV Study Bible* resulta útil para resumir lo que estas confesiones esencialmente están diciendo:

---

[48] Confesión de fe de Londres de 1689, 1.1: de las Sagradas Escrituras. Ministerios Ligonier: https://es.ligonier.org/recursos/credos-confesiones/la-confesion-bautista-de-fe-de-londres-de-1689/, énfasis añadido.

[49] Confesión Belga, Ministerior Ligonier: https://es.ligonier.org/recursos/credos-confesiones/la-confesion-belga/

Desde sus inicios, la iglesia primitiva consideró a la Escritura como la única y suficiente fuente de revelación autoritativa de Dios. Esto significa que todos los cristianos deben prestar atención a la Biblia, encontrando en ella las mismas palabras de Dios que deben ser creídas y obedecidas, así como Dios mismo debe ser creído y obedecido.[50]

La Biblia es la regla suficiente sobre cómo Dios nos manda criar a nuestros hijos. En el centro de este tema de la crianza respetuosa está el rechazo a la suficiencia de la Escritura para el cristiano profesante. *Adoptar la filosofía de la crianza respetuosa es negar que la Biblia sea una guía suficiente para la crianza de los hijos.* No debemos repetir ese error histórico: negar la suficiencia de la Escritura y permitir la inclusión del paganismo en cualquiera de sus formas en nuestras vidas como cristianos.

APRENDIENDO DE LA HISTORIA

«Quienes no aprenden de la historia están condenados a repetirla», es una frase que probablemente todos hemos escuchado. Un gran ejemplo histórico de cómo el pueblo de Dios abandonó a Dios en sus acuerdos matrimoniales y en la práctica de su vida, se ve en las peregrinaciones de Israel por el desierto. Moisés, al comenzar su discurso a Israel desde las llanuras de Moab, les recuerda la suficiencia de la Escritura en la adoración a Dios y en el gobierno de la vida del pueblo del pacto en todos sus aspectos. Moisés les dice, en Deuteronomio 4:1-4:

---

[50] ESV Bibles, *The ESV Study Bible* [*La Biblia de estudio ESV*] (Wheaton, IL: Crossway, 2008), 2614.

> Ahora pues, oh Israel, escucha los estatutos y los decretos que yo les enseño para que los cumplan, a fin de que vivan y entren a tomar posesión de la tierra que el Señor, el Dios de sus padres, les da. Ustedes no añadirán nada a la palabra que yo les mando, ni quitarán nada de ella, para que guarden los mandamientos del Señor su Dios que yo les mando. Sus ojos han visto lo que el Señor hizo en el caso de Baal Peor, pues a todo hombre que siguió a Baal Peor, el Señor, su Dios lo destruyó de en medio de ti. Pero ustedes, que permanecieron fieles al Señor su Dios, todos están vivos hoy.

Observa, querido lector, que Moisés está comunicando que deben escuchar los estatutos y decretos que él les está enseñando de parte de Dios. Deben obedecer esos estatutos y decretos. No deben añadir ni quitar nada de la Palabra de Dios que les ha sido dada en el pacto. Un comentarista escribió lo siguiente sobre este pasaje:

> Él les encarga preservar la ley divina pura e íntegra entre ellos (v 2). Manténganla pura, y no le añadan nada; manténganla íntegra, y no le quiten nada. No en la práctica, dicen algunos: «No añadirás cometiendo el mal que la ley prohíbe, ni disminuirás omitiendo el bien que la ley exige». No en opinión, dicen otros: «No añadirás tus propias invenciones, como si las instituciones divinas fueran defectuosas, ni introducirás, mucho menos impondrás, ningún rito de adoración religiosa que Dios no haya establecido; tampoco disminuirás ni desecharás nada de lo

que ha sido ordenado, como si fuera innecesario o superficial».

Él les encarga guardar los mandamientos de Dios (v 2), cumplirlos (vv 5, 14), guardarlos y llevarlos a cabo (v 6), cumplir el pacto (v 13). Escuchar debe conducir a obedecer; el conocimiento, a la práctica. Los mandamientos de Dios eran el camino en el que debían andar, la regla que debían seguir; debían gobernarse por los preceptos morales, rendir su devoción según el ritual divino y administrar justicia conforme a la ley judicial.[51]

Como señala el comentarista, Dios quería que Su pueblo entendiera que Su Palabra y Sus instrucciones eran suficientes para todos los aspectos de sus vidas, sus familias y su adoración a Él. No debían desviarse hacia el ámbito del pensamiento e ideas de la humanidad caída en la manera en que conducían sus vidas.

En Deuteronomio 4:3, Moisés les recuerda lo que sucedió en Baal Peor, cuando Dios destruyó a muchos de ellos porque abandonaron el mandato de Dios. Él escribe: «Sus ojos han visto lo que el Señor hizo en el caso de Baal Peor, pues a todo hombre que siguió a Baal Peor, el Señor, su Dios lo destruyó de en medio de ti». Les recuerda lo sucedido en Números 25, cuando, estando aún en Sitim, comenzaron a unirse en matrimonio con mujeres paganas de Moab y muchos de ellos participaron luego en los sacrificios del falso dios Baal Peor. Ahora bien, podrías preguntarte: ¿qué tiene eso

---

[51] Matthew Henry, *Matthew Henry's Commentary on the Whole Bible: Complete and Unabridged in One Volume* [*Comentario de Matthew Henry sobre toda la Biblia: Completo e íntegro en un solo volumen*] (Peabody, MA: Hendrickson, 1994), 240.

que ver con la suficiencia de las Escrituras y la crianza de los hijos? La respuesta es que este modelo tiene todo que ver con ello. El pueblo de Dios actuó de esa manera porque, al parecer, no creía que la Palabra de Dios fuera suficiente para gobernar sus decisiones matrimoniales, o porque pensaban que podían recurrir a otros sistemas de pensamiento. Adoptaron las filosofías e ideas de los moabitas al sincronizarse con ellos. El pueblo de Dios no debía unirse en matrimonio con incrédulos ni adoptar sus filosofías, como Moisés les recordó más adelante en las llanuras de Moab, en Deuteronomio 7:3. Pero lo hicieron. El resultado fue un desastre para Israel, pues cayeron en el paganismo y la maldad; Dios mató a veinticuatro mil del pueblo de Israel con una plaga, según Números 25:9.

Esta verdad (la de no adoptar filosofías e ideas del mundo), sigue siendo válida para los cristianos, como lo expresa 2 Corintios 6:14-18, donde Pablo escribe:

> No estén unidos en yugo desigual con los incrédulos, pues ¿qué asociación tienen la justicia y la iniquidad? ¿O qué comunión la luz con las tinieblas? ¿O qué armonía tiene Cristo con Belial? ¿O qué tiene en común un creyente con un incrédulo? ¿O qué acuerdo tiene el templo de Dios con los ídolos? Porque nosotros somos el templo del Dios vivo, como Dios dijo:
>
> «Habitaré en ellos, y andaré entre ellos;
> Y seré su Dios, y ellos serán Mi pueblo.
> Por tanto, salgan de en medio de ellos y apártense»,
> dice el Señor;

«Y no toquen lo inmundo,
Y Yo los recibiré.
Yo seré un padre para ustedes,
Y ustedes serán para Mí hijos e hijas»,
Dice el Señor Todopoderoso.

Fíjate en lo que Pablo dice aquí. ¿Qué comunión tiene la justicia con la injusticia? ¿Qué compañerismo tiene la luz con las tinieblas? La Biblia es suficiente para enseñarnos cómo criar a nuestros hijos para la gloria de Dios. ¿Qué comunión tiene la Biblia con la llamada crianza respetuosa? ¿Qué tiene que ver la luz con una oscuridad de pensamiento como esa? Espero que veas el punto que intento resaltar. Decir que creemos que la Biblia es la Palabra de Dios y que es suficiente para la vida y la obediencia a Dios también se aplica al ámbito de la crianza; estamos afirmando que creemos que la Biblia es suficiente para instruirnos en cómo criar a nuestros hijos para la gloria de Dios.

LA BIBLIA DICE, PERO...

Lo que a menudo sucede en la vida de muchos que se profesan cristianos, es que reciben con facilidad aquellas verdades que les resultan cómodas, pero rechazan obedecer aquellas verdades y mandamientos que contradicen un patrón pecaminoso que aman o que se oponen firmemente a un ídolo que adoran en secreto. O bien, consideran opcionales aquellos mandamientos cuya obediencia sería difícil e inconveniente. Como pastor, he escuchado a personas decir cosas como: «Sé que la Biblia dice eso, pero yo nunca podría hacer tal cosa». Estos cristianos profesantes saben lo que dice la Biblia. No son ignorantes de sus mandamientos en este tema. Sin embargo, sienten la libertad de hacer a un lado la Palabra, de no obedecerla en ese aspecto.

En 1 Corintios 12:3, Pablo afirma que solo aquellos que tienen el Espíritu de Dios pueden decir: «Jesús es el Señor». La realidad es que Jesús es Señor, lo reconozca alguien o no. Un cristiano está sometido al señorío de Cristo en toda su vida. Esta sumisión es obra del Espíritu en él. El reconocimiento del señorío de Jesús se expresa en la obediencia a los mandamientos de Dios. El arrepentimiento implica apartarse del pecado y volverse a Dios en sumisión.

Querido lector, lo que deseo transmitirte es que decir, «Jesús es el Señor», confesarlo libremente, pero luego negarlo rechazando Sus mandamientos y no viviendo toda la vida conforme a Su Palabra, es rebelarse contra Su reinado, contra Su señorío, con tu vida. Tus acciones revelan tu corazón. Juan escribe en 1 Juan 3:18-19: «Hijos, no amemos de palabra ni de lengua, sino de hecho y en verdad. En esto sabremos que somos de la verdad, y aseguraremos nuestros corazones delante de Él». Querido lector, que nunca se nos halle viviendo en contra de Cristo el Señor, con nuestras acciones, mientras lo profesamos con nuestros labios, no sea que resultemos ser como aquellos falsos profesantes de Mateo 7:21-23 en aquel gran día, quienes dicen, «¡Señor, Señor!» a Jesús, pero son lanzados al infierno, siendo descritos en el versículo 23 como «los que practican iniquidad». Somos salvos solo por gracia, solo por medio de la fe, solo en Cristo; pero una fe verdadera nunca estará sola, sino que se manifestará en obras (Sgt 2:14-26). La fe verdadera es aquella que recibe a Cristo como Salvador y se somete a Él como Rey. Thomas

CAPÍTULO CINCO

Watson, en su libro *The Godly Man's Portrait* [*El retrato del hombre piadoso*], habla sobre la sumisión del corazón de un cristiano verdadero que confía genuinamente en el Señor Jesús. Él escribe:

> Aquel que aplica correctamente a Cristo une estas dos cosas: Jesús y Señor: «Cristo Jesús, mi Señor» (Fil 3:8). Muchos reciben a Cristo como Jesús, pero lo rechazan como Señor. ¿Unes tú también «Príncipe y Salvador»? (Hch 5:31). ¿Estás dispuesto a ser gobernado por las leyes de Cristo, así como a ser salvo por Su sangre? Cristo es «sacerdote sobre Su trono» (Zac 6:13). Nunca será sacerdote para interceder si tu corazón no es el trono donde Él ejerce Su señorío. Aplicar verdaderamente a Cristo es recibirlo como esposo y, al mismo tiempo, entregarnos a Él como Señor.[52]

Lo que Watson enfatiza aquí es que, si decimos que Jesús es nuestro Salvador (si eso es cierto), entonces también nos hemos sometido a Su autoridad como Señor. Él es Señor, nos sometamos o no, pero en el arrepentimiento nos *rendimos* voluntariamente a Su señorío. Esto significa que viviremos, y criaremos a nuestros hijos, según las instrucciones de nuestro Señor y Rey. Y esas instrucciones están en Su Palabra. Su Palabra es suficiente para guiarnos en la crianza de los hijos.

---

[52] Thomas Watson, *The Godly Man's Portrait* [*El retrato del hombre piadoso*] (Carlisle, PA: Banner of Truth, 1992), 20.

Un ejemplo de esta inconsistencia

En la práctica, esto se ve en la vida de muchos cristianos evangélicos así: «Sé que la Biblia dice que debo disciplinar a mi hijo, incluso corregirlo físicamente o castigarlo cuando desobedece voluntariamente, pero simplemente no puedo hacerlo». Recuerdo hablar con una joven que dijo que no podía disciplinar a su hijo porque sentía que, si lo hacía conforme a lo que dice la Biblia, todo lo que haría sería darle azotes constantemente. Estos padres están diciendo que saben lo que dice la Biblia, pero consideran que su manera es mejor que los preceptos y mandamientos que su Creador ha dado para Su gloria y el bien de ellos. Confiesan con frecuencia y abiertamente, que la Biblia es la Palabra de Dios, pero en la práctica niegan su autoridad sobre la crianza de sus hijos.

Recuerdo hace algún tiempo, haber viajado en auto con una familia que profesaba a Cristo, pero que había adoptado la crianza respetuosa como filosofía para educar a sus hijos. Habían sido influenciados por esta corriente y abiertamente asumido sus principios. Íbamos todos en el carro cuando su niño pequeño comenzó a hacer una rabieta. El niño tiraba cosas, gritaba, pateaba, golpeaba y empezó a mostrarse violento en su enojo. No recuerdo qué lo provocó, solo recuerdo el comportamiento. Los padres respondieron primero intentando razonar con el niño. Le preguntaron por qué se sentía así. El niño fue empeorando, mostrando una falta de respeto cada vez más evidente hacia sus padres. Luego, los padres intentaron calmarlo ofreciéndole opciones, juguetes o meriendas. Tampoco funcionó. Finalmente, los padres se quedaron sentados, algo avergonzados, diciendo que el niño necesitaba sacar todo eso.

CAPÍTULO CINCO

Pues bien, el niño desahogó su rabia durante casi una hora y al final fue recompensado con una concesión o premio de algún tipo. Salí de ese carro agradecido de haber terminado el viaje y triste por el niño, tratando de procesar la escena que acababa de presenciar. Este niño tenía toda la autoridad en el vehículo. La estructura de autoridad estaba invertida. El niño estaba al mando. Mamá y papá eran sus siervos, aunque probablemente se veían a sí mismos como colaboradores fieles según ese método.

El niño se sentía justificado en su palabras desafiantes y su comportamiento algo violento porque eso era parte de su expresión emocional. Los padres habían enseñado al niño que en la vida está bien gritar, llorar y enfurecerse hasta que la vida le dé lo que quiere, hasta que todos se sometan a la satisfacción personal del niño. Los padres manifestaban su amor por Cristo, por la Palabra, etc., pero no lo practicaban en la crianza de su hijo. Perdieron la oportunidad de enseñarle que lo que importa en la vida no es la satisfacción personal, sino la gloria de Dios. Perdieron la oportunidad de usar la ley como un tutor que llevara al niño al Señor Jesucristo y a Su obra salvífica para los pecadores. Perdieron la oportunidad de expresar al niño que hay consecuencias temporales en su vida por sus acciones. En cambio, alentaron al niño en su rebelión adámica y afirmaron su afán de ser su propio dios. ¡Qué oportunidad perdida para la gloria de Dios y el bien del niño! Todo porque los padres vivieron la realidad del susurro de la serpiente: «¿De verdad dijo Dios eso?». Todo porque mamá y papá, en su conducta parental, actuaron en contra del gobierno de su Señor Jesús al no obedecer Sus instrucciones (la Palabra de Dios) para la crianza. El fondo del problema en este caso, era que los padres, con sus acciones, negaron la suficiencia de las Escrituras para su crianza.

Imagina cuánto habría ganado el niño si los padres hubieran detenido el auto y sacado al niño, si lo hubieran corregido con amor, enseñándole a través de la ley y el evangelio, y luego lo hubieran disciplinado con firmeza para enseñarle las consecuencias temporales de sus acciones rebeldes. En lugar de aprender que el yo es la máxima autoridad, el niño habría comprendido la verdad sobre su corazón pecador, su necesidad de Cristo y las consecuencias de sus actos en la vida. Una disciplina así, impartida con amor, habría sido un verdadero medio de gracia y bendición para el niño. Habría sido un acto de amor auténtico, preocupado por la necesidad real del niño.

UNA SÚPLICA

Quiero concluir este libro con una súplica en cuatro partes dirigida a ti, querido lector. La crianza respetuosa es un movimiento nuevo y, siendo honestos, no ha sido puesto a prueba. El fruto que producirá a largo plazo es incierto, aunque una lectura atenta de la historia permite anticipar que formará hijos inclinados a buscar su propia satisfacción antes que a vivir en amor abnegado hacia Dios, en quien únicamente se encuentra el gozo verdadero y duradero. La crianza respetuosa se basa en un sistema de creencias que contradice abiertamente los principios de la Escritura. Rechaza la autoridad bíblica que Dios ha delegado a los padres. Rechaza la raíz del problema de todos los niños y de toda la humanidad en esta vida, especialmente su naturaleza pecaminosa. Y, por último, rechaza el propósito supremo de toda la vida y de toda crianza, conocer a

CAPÍTULO CINCO

Dios, glorificarle y gozar de Él para siempre. Te ruego que prestes atención a las advertencias y exhortaciones de la Escritura, como las que encontramos en Deuteronomio 4:1-5, 2 Corintios 6:14-18, Deuteronomio 6:4.8, Efesios 6:1-4, entre muchas otras. Mi súplica para ti, querido lector, es que:

1. *Rechaces la crianza respetuosa* como no bíblica, por el bien de tus hijos.
2. *Recuerdes quién te redimió* y cuánto te ama (Él no te guiará por caminos equivocados).
3. *Abraces la crianza bíblica*, sabiendo que la Escritura es suficiente.
4. *Ores* para que Dios bendiga tus esfuerzos bíblicos, para Su gloria.

Una vez más, como se mencionó en el capítulo tres, que podamos decir, como Josué:

> Ahora pues, teman al Señor y sírvanle con integridad y con fidelidad. Quiten los dioses que sus padres sirvieron al otro lado del Río y en Egipto, y sirvan al Señor. Y si no les parece bien servir al Señor, escojan hoy a quién han de servir: si a los dioses que sirvieron sus padres, que estaban al otro lado del río, o a los dioses de los amorreos en cuya tierra habitan. Pero yo y mi casa, serviremos al Señor (Jos 24:14-15).

Soli Deo Gloria

ANEXO UNO

EL TEMOR DEL SEÑOR ES EL PRINCIPIO DE LA SABIDURÍA (ESPECIALMENTE LA SABIDURÍA PARA LA CRIANZA DE LOS HIJOS)

«El principio de la sabiduría es el temor del Señor, y el conocimiento del Santo es inteligencia» (Pro 9:10). El temor del Señor es el inicio de la sabiduría para el pueblo de Dios. Es el fundamento para entender cómo vivir, pensar, actuar y responder ante todas las circunstancias de la vida. Esto significa que, para vivir y criar con sabiduría, primero debemos temer al Señor. Un comentarista escribió lo siguiente respecto a esta verdad:

> Uno no puede adquirir conocimiento de las cosas espirituales si comienza desde el lugar equivocado, negándose a temer al Señor (*es decir, a reconocer el carácter de Dios y responder con reverencia, confianza, adoración, obediencia y servicio hacia Él*).[53]

La línea de partida en la carrera de la fe es el temor de Dios, y es ese temor el que lleva a una persona a vivir de manera recta. Paul Tripp, en su libro, *Llamado peligroso*, destaca la diferencia entre

---

[53] S.S. Buzzell, *Proverbs, in The Bible Knowledge Commentary: An Exposition of the Scriptures* [*Proverbios, en El Comentario del Conocimiento Bíblico: Una Exposición de las Escrituras*], Vol.1, eds. J. F. Walvoord & R. B. Zuck (Wheaton, IL: Victor Books, 1985), 907-908, énfasis añadido.

«conocimiento» y «sabiduría». Él escribe: «El conocimiento es una comprensión precisa de la verdad. La sabiduría es entender y vivir a la luz de cómo esa verdad se aplica a las situaciones y relaciones de tu vida diaria. El conocimiento es un ejercicio del cerebro. La sabiduría es un compromiso del corazón que conduce a la transformación de la vida».[54] Si la sabiduría es, en efecto, un compromiso del corazón, entonces, según el autor de Proverbios, el temor del Señor es donde comienza ese compromiso. Por tanto, un hombre sabio debe ver a Dios correctamente, reconocer Su santidad y ser moldeado por esas realidades.

Isaías, en Isaías 6, tuvo un destello de la gloria de Dios y, en un instante, quedó deshecho; se desmoronó. En su libro, *La santidad de Dios*, R. C. Sproul señala: «Cuando vio al Señor, Isaías pronunció juicio sobre sí mismo. "¡Ay de mí!", clamó, invocando la maldición de Dios, el anatema total de juicio y condenación sobre su propia cabeza... Inmediatamente, después de declarar esa maldición, Isaías exclamó: "Porque perdido estoy"».[55] El temor del Señor es el fundamento del peregrinaje cristiano, porque es allí donde la persona comienza a ver a Dios tal como Él es: santo, santo, santo. Entonces, el pecador reconoce su gran necesidad de perdón y de ayuda ante el Dios Santo de los ejércitos. Para los cristianos, el temor del Señor impulsa su amor por Dios y su obediencia a Él.

En este anexo, examinaremos el entendimiento histórico del «temor del Señor». También examinaremos cómo los cristianos son moldeados por sus temores y cómo pueden reorientar esos temores a la luz de la doctrina bíblica del temor del Señor.

---

[54] Paul David Tripp, *Llamado peligroso*, (Poiema, 2025).
[55] R. C. Sproul, *La santidad de Dios*, (Ligonier, 2009).

ANEXO UNO

ENTENDIMIENTO HISTÓRICO DEL TEMOR DEL SEÑOR

¿Qué significa temer al Señor? ¿Es temblor y temor? ¿Es una reverencia santa y un respeto profundo hacia el objeto del mayor deleite de una persona? Juan Calvino veía el temor de Dios como algo conectado con la verdadera piedad de un cristiano. Calvino, en su *Institución*, relacionó directamente la piedad con el temor del Señor cuando escribió: «De aquí inferimos que no podemos ser enseñados al temor de Dios ni aprender los primeros principios de la piedad, a menos que seamos violentamente heridos por la espada del Espíritu y aniquilados».[56] El Dr. Joel Beeke resume la visión de Calvino sobre la piedad como sinónimo del temor reverencial hacia el Señor, diciendo: «Para Calvino, *pietas* designa la actitud correcta del hombre hacia Dios, que incluye verdadero conocimiento, adoración de corazón, fe salvadora, *temor filial*, sumisión en oración y amor reverencial».[57] Históricamente, el temor del Señor ha sido entendido, con respecto a los cristianos, como un respeto reverencial y un gozo maravilloso en Dios a través de Cristo.

Sin embargo, también hay un elemento de temor y estremecimiento en la frase «temor del Señor», particularmente para el incrédulo, pero también en ocasiones para el creyente. En Eclesiastés, vemos el temor del Señor más como temblor y estremecimiento para el incrédulo que estará delante de Dios en juicio. Eclesiastés 12:13-14 dice: «Teme a Dios y guarda Sus mandamientos, porque esto concierne a toda persona. Porque Dios traerá toda obra a

---

[56] John Calvin, *Institutes*, 390, 3.3.8.
[57] Joel Beeke, «John Calvin's Definition of Piety» [«Definición de piedad de parte de Juan Cal vino]», 3 de mayo de 2019, Ligonier: https://learn.ligonier.org/articles/john-calvins-de!nition-pie ty (23 de enero de 2025).

juicio, junto con todo lo oculto, sea bueno o sea malo». También, en Lucas 12:5, Jesús habla de temer a Dios, quien puede matar el cuerpo y arrojar a la persona al infierno. Aquí, el temor se presenta como un temblor reverente y un miedo profundo, característico del temor servil. Pero, también se nos manda amar al Señor con todo nuestro corazón, alma y mente (Mt 22:37; Dt 6:4-5), y en el Salmo 19:9 se nos dice que el temor del Señor es limpio. En Efesios 5:21 se nos manda temer a Cristo Jesús. La visión histórica del «temor del Señor» ha sido ampliamente discutida en el ámbito académico. Una publicación resumió de la siguiente forma la tensión que ha caracterizado el entendimiento histórico del temor del Señor:

> Entonces, ¿qué significa temer a Dios? Eso depende del sujeto que teme a Dios. Si el sujeto temeroso de Dios es un hombre no regenerado, es decir, el viejo Adán, entonces el único tipo de temor del que es capaz es un temor servil, de pavor y terror... Pero si el sujeto temeroso de Dios es una persona regenerada, el nuevo hombre espiritual, entonces el temor de Dios que manifiesta es una reverencia filial, nacida de la fe y del amor.[58]

Esta publicación sostuvo que el temor de Dios, para la persona no regenerada, es uno de temblor y miedo servil (temor servil); pero para el hombre regenerado, el temor del Señor es de asombro y maravilla (temor filial). Tal vez haya un elemento de inquietud

---

[58] «What Does It Mean To Fear God?» [«¿Qué significa temer a Dios»]. Discurso pronunciado ante la Conferencia de Maestros del Estado de Michigan, celebrada en Stevensville, Michigan, 28 de octubre de 1938. Theologische Quartalschrift, 36.3 (Evangelical Lutheran Joint Synod of Wisconsin, Minnesota, Michigan and Other States, Julio 1939), 174-189.

remanente en el cristiano profesante, la que Pablo tenía en mente cuando escribió: «Así que, amados míos, tal como siempre han obedecido, no solo en mi presencia, sino ahora mucho más en mi ausencia, ocúpense en su salvación *con temor y temblor*» (Fil 2:12, énfasis añadido).

En su libro *What Does It Mean to Fear the Lord?* [¿Qué significa temer al Señor?], Michael Reeves escribe lo siguiente: «Y ese conocimiento de Dios como un Redentor humilde, misericordioso y compasivo embellece la visión de Su majestad trascendente como Creador. Nuestro asombro ante la magnificencia del Creador se incrementa cuando lo conocemos como la magnificencia del Salvador más bondadoso».[59] Reeves resalta el temor cristiano a Dios (temor filial) como una actitud de reverencia y asombro hacia Dios desde un corazón regenerado. En la Escritura, el temor del Señor para el incrédulo es una realidad terrible (temor servil), pero para el cristiano, es más bien una adoración reverente al Dios Padre, debido a la redención alcanzada a nuestro favor por Dios Hijo, la cual nos ha sido aplicada por Dios Espíritu Santo. Tremper Longman, en un artículo para el *Bulletin of Biblical Research*, señala el amplio significado bíblico del «temor del Señor» en el Antiguo Testamento, mostrando que el temor a Dios es una postura de gozo para el creyente, afirmando que:

> La exhortación a «temer a Dios» y la expresión «el temor de Dios/Yahvé» es ampliamente conocida a lo largo del Antiguo Testamento. Aunque el temor de Dios está par-

---

[59] Michael Reeves, *What Does it Mean to Fear the Lord?* [¿Qué significa temer al Señor?] (Wheaton, IL: Crossway, 2021), 38.

ticularmente asociado con la literatura de sabiduría, también se encuentra en la Torá (Ex 9:30; 18:21; Dt 5:29), en los libros históricos (1S 12:14, 24) y en los profetas (Is 8:13; Jer 5:22, 24; Miq 6:9). Quizá el libro que más estrechamente se asocia con la exhortación a «temer a Dios/Yahvé» es el libro de Proverbios. Tal como lo indica claramente su prólogo, el propósito del libro es impartir sabiduría a sus lectores, una sabiduría que tiene como principio «el temor de Yahvé» (Pro 1:7). Aquí, el «temor de Yahvé» es claramente una virtud. Si una persona teme a Dios, entonces reconoce su lugar apropiado de sumisión y dependencia dentro del orden creado por Dios. El temor del Señor conduce a una verdadera humildad que rechaza el orgullo y permite al ser humano aprender de Dios.[60]

Esta publicación académica de Tremper Longman parece señalar todas las formas en que se utiliza la expresión «temor del Señor» en el Antiguo Testamento, y muestra cuán frecuentemente se presenta el temor del Señor *como una virtud* en el entendimiento histórico de la frase. Temer a Dios con asombro es una virtud.

Otra publicación académica destaca esta dinámica bíblica, la cual fue bien ilustrada en el libro *El león, la bruja y el ropero* de C. S. Lewis, donde se transmite este tema a través de la experiencia del personaje Lucy, quien queda impactada por el poder, la belleza y la majestad de Aslan, el león.[61] Lucy pregunta: «¿Puedo acariciarlo?».

---

[60] Tremper Longman III, «The "Fear of God" in the Book of Ecclesiastes» [«El "temor de Dios" en el libro de Eclesiastés»], Bulletin for Biblical Research 25.1 (2015), p 13-21. 13-14.
[61] C. S. Lewis in «Whatever Happened to Fear of God?» [«¿Qué pasó con el temor de Dios?»]

La respuesta es inmediata: «Oh, no».⁶² «Él no es un león domesticado».⁶³

Según la publicación, C. S. Lewis recordó a sus lectores, mediante su representación de Cristo Jesús en el personaje de Aslan, que el Señor Jesús no es un león domesticado. Es un Rey soberano cuya majestad trascendente nos conmueve con asombro y temor a la vez.⁶⁴ Para el enemigo de Aslan, la respuesta sería pavor y un temor paralizante; y para el amigo de Aslan, una mezcla de asombro y temor reverente. De igual manera, la gloria de Dios afecta de forma distinta a las personas, según su condición. Históricamente, el temor del Señor ha sido temblor ante Dios por parte del pecador no redimido, y reverencia desde el corazón del redimido.

¿CÓMO DEBEN, LOS CRISTIANOS, SER MOLDEADOS POR EL TEMOR DEL SEÑOR?

Lo que más temes, reverencias o adoras, es lo que te impulsa. ¿Y por qué? Porque debajo de nuestros temores están nuestros afectos: lo que amamos, lo que odiamos, lo que deseamos y lo que queremos abandonar. Cuando valoramos y amamos la aprobación y el reconocimiento de los demás, nuestros temores girarán en torno al miedo al rechazo o al anonimato. Los cristianos deben ser conscientes de las influencias que moldean sus acciones a lo largo de sus vidas. Es útil comprender el «por qué» detrás de lo «qué» hacemos.

---

por Perry G. Downs, Christian Education Journal 1.3 (Fall 2004), 152-157. This was helpful in analyzing the concept of the fear of God.

⁶² Perry G. Downs, «Whatever Happened to Fear of God?» [«¿Qué pasó con el temor de Dios?»], *Christian Education Journal* 1.3 (Otoño de 2004), 152-157.

⁶³ Perry G. Downs.

⁶⁴ Perry G. Downs.

Lewis Allen, en su útil libro para pastores *The Preacher's Catechism* [*El catecismo del predicador*], afirma, sobre los deseos del corazón que impulsan los temores del pastor, un concepto aplicable a todos los cristianos:

> Pero existe un adulterio de manos limpias y cuerpos puros que nadie ve y que rara vez se confiesa o incluso se reconoce. *Y ese es el anhelo del corazón del predicador por Algo Más.* ¿*Algo Más*? Es esa congregación, esa situación, ese éxito, ese reconocimiento (y tal vez ese salario) que aún no tenemos. Ya sea que *Algo Más* es una persona real o un lugar, o simplemente una idea imaginada, la tentación del predicador es desviar el amor de su corazón de lo que Dios le ha dado y fijarlo en lo que cree que merece. Nunca fue nuestra intención hacerlo. Pero nos ha pasado y nos sentimos impotentes. Quizás somos cautivos voluntarios de nuestros sentimientos. Los alimentamos, y razonamos que, porque los tenemos, deben ser correctos, y que realmente debemos ser tan buenos predicadores para saber que merecemos *Algo Más*. Sin embargo, el adulterio no es el pecado principal: es dudar de la bondad de Dios.[65]

Lewis Allen destaca cómo los corazones persiguen «Algo Más».[66] Estos deseos moldean nuestros temores y, por ende, nuestro comportamiento. El miedo al rechazo nace de un corazón que anhela

---

[65] Lewis Allen, *The Preacher's Catechism* [*El catecismo del predicador*] (Wheaton, IL: Crossway, 2018), 146, énfasis añadido.
[66] Lewis Allen, 146.

la aceptación de los demás. El miedo a la inutilidad proviene del amor por el logro. El miedo al fracaso surge del amor al éxito. Lewis Allen señala que todos estos motivos, junto con sus respectivos temores, tienen una raíz común: la duda sobre la bondad y la suficiencia de Dios.[67] Tememos perder algo o dejar algo sin hacer, lo cual es un ataque a la verdad de la soberanía y providencia de Dios sobre Su pueblo. En cambio, el temor de Dios nace de descansar en Su bondad, de la conciencia de Su justicia y gracia, y del amor y deseo de conocerlo.

EL PROBLEMA DE LOS ZORROS ENTRE LOS PERROS

Sería un error no abordar la relación entre la falta de temor del Señor y el desconocimiento de Dios. ¿Cómo podemos amar a Dios correctamente, temerle de verdad y vivir sabiamente delante de Él si no lo conocemos con precisión? Una comprensión errónea de la verdad afecta lo que un cristiano hace en su vida. Spurgeon atacó este mismo problema en su último ciclo de conferencias antes de morir. Lamentaba la condición de muchos pastores en su tiempo y expresó lo siguiente en el colegio para pastores (su último discurso antes de fallecer):

> Hoy, hay un grupo de personas entre nosotros que predican a Cristo, e incluso el evangelio, pero después enseñan muchas otras cosas que no son verdad, y así destruyen el bien de todo lo que proclaman y arrastran a la gente al

---

[67] Lewis Allen.

> error. Quieren ser llamados «evangélicos», pero en realidad forman parte de una escuela que es realmente antievangélica. Cuidado con estas personas. He oído que un zorro, cuando es perseguido de cerca por perros, finge ser uno de ellos y corre con la manada. *Eso es lo que ciertos individuos buscan ahora: parecer perros siendo zorros. Pero en el caso del zorro, su fuerte olor lo delata, y los perros pronto lo descubren. De la misma forma, el olor de la falsa doctrina no se oculta fácilmente, y el juego no dura mucho. Hay ministros que hacen difícil distinguir si son perros o zorros, pero la gente conocerá nuestra verdadera naturaleza mientras vivamos, y no dudará de lo que creemos o enseñamos.*[68]

Los afectos del cristiano están moldeados por su cosmovisión, la cual, a su vez, está determinada por su comprensión de la verdad (o la falta de ella).

Lo que el cristiano entiende sobre Dios, el ser humano, Cristo y la salvación, influirá directamente en lo que ama, y por ende, en lo que teme. Esta es precisamente la situación a la que Spurgeon aludía al identificar a los falsos pastores. Spurgeon dejó en claro que un hombre cuya doctrina está profundamente errada tendrá un «olor» característico que lo delatará. *Como ilustró, será un zorro pretendiendo ser un perro, pero su aroma lo traicionará.* La verdad moldea nuestros afectos y, por tanto, nuestros temores. Tal vez este sea el punto clave para reorientar correctamente nuestros temores hacia la gloria de Dios, lo cual impacta toda nuestra vida y nuestra

---

[68] Charles Spurgeon, *The Greatest Fight* [*La batalla más grande*] (Abbotsford, WI: Aneko Press, 2018), 47, énfasis añadido.

ANEXO UNO

disposición a hacer todo conforme a la Palabra de Dios, incluyendo, criar a nuestros hijos según la Palabra.

¿CÓMO PUEDEN LOS CRISTIANOS REORIENTAR SUS TEMORES? LA VERDADERA RELIGIÓN

¿Cómo puedo cambiar? ¿Cómo puedo reorientar mis temores? Quizás, Jonathan Edwards respondería que la clave está en la «verdadera religión». En su libro, *Religious affections* [*Afectos religiosos*], Edwards aborda el corazón del asunto al describir en qué consiste el verdadero cristianismo, al que él llama «verdadera religión». Edwards escribe: «La verdadera religión, en gran parte, consiste en afectos santos».[69] Esta cita de Edwards transmite de manera poderosa la esencia del cristianismo bíblico vivido y abrazado con sinceridad. Edwards continúa diciendo: «Las Escrituras presentan la verdadera religión como algo resumido en el amor, el más importante de los afectos, y la fuente de todos los demás afectos».[70]

Y añade: «Porque el amor no solo es uno de los afectos, sino que es el primero y el principal... De un amor vigoroso, afectuoso y ferviente hacia Dios surgen un intenso odio y repulsión hacia el pecado, temor al pecado, y temor a desagradar a Dios, así como gratitud por Su bondad».[71]

Edwards propone que la verdadera religión es un asunto de *afectos* (un tema acerca de lo qué ama una persona), ya que el amor determina lo que uno teme. Por tanto, para reorientar nuestros

---

[69] Jonathan Edwards, *Religious Affections* [*Afectos religiosos*], ed. John E. Smith, *The Works of Jonathan Edwards* [*Las obras de Jonathan Edwards*], Vol. 2 (New Haven, CT: Yale Univ. Press, 2009), 95.

[70] Jonathan Edwards, *Religious Affections*, 106.

[71] Jonathan Edwards,106.

temores, debemos reorientar crecientemente nuestros afectos, es decir, lo que amamos.

Según 2 Corintios 3:18, que nos dice que «todos nosotros, con el rostro descubierto, contemplando como en un espejo la gloria del Señor, estamos siendo transformados en la misma imagen de gloria en gloria, como por el Señor, el Espíritu», la respuesta está en que el cristiano debe buscar deleitarse en el Salvador a *través de la Palabra*. Debe ver en Cristo la culminación de su gozo y felicidad. Cristo debe ser su todo. Edwards lo expresa de forma contundente en *Afectos religiosos*, afirmando que el temor piadoso es el centro de la verdadera religión cuando escribe:

> Las Sagradas Escrituras colocan en todas partes, gran parte de la religión en los afectos: como el temor, la esperanza, el amor, el odio, el deseo, el gozo, la tristeza, la gratitud, la compasión y el celo. Las Escrituras sitúan gran parte de la religión en el temor piadoso; tanto es así, que con frecuencia se describe como una característica de las personas verdaderamente religiosas el que tiemblan ante la Palabra de Dios, que temen delante de Él, que su carne tiembla de temor ante Él, y que tienen temor de Sus juicios; que Su grandeza los hace temer, y Su terror cae sobre ellos; y la vida: y una designación comúnmente dada a los santos en la Escritura es, temerosos de Dios o aquellos que temen al Señor. Y debido a que el temor de Dios constituye una gran parte de la verdadera piedad, la verdadera piedad, en general, es frecuentemente llamada en la Biblia con el nombre de, el temor de Dios; como

lo sabe cualquiera que tenga algún conocimiento de las Escrituras.[72]

Edwards señala que los afectos orientados hacia Cristo son propios de una persona que tiembla ante la Palabra de Dios, en asombro ante Su poder, majestad y juicios. Los afectos centrados en Cristo nos conducen a un temor adecuado de Dios. También destaca que un afecto genuino hacia Cristo llevará a la persona a temer a Dios y aborrecer su propio pecado. Edwards escribe: «Las Escrituras ubican la religión principalmente en el afecto del amor: amor a Dios, amor al Señor Jesucristo, y amor al pueblo de Dios y a la humanidad... El afecto contrario, el del odio, teniendo al pecado como su objeto, también es mencionado en la Escritura como una parte nada despreciable de la verdadera religión». Edwards conecta el amor por Jesús, combinado con el odio hacia el pecado propio, como una marca distintiva de la verdadera piedad. Escribe: «El dolor religioso, el lamento y el quebrantamiento de corazón también son mencionados con frecuencia como una gran parte de la verdadera religión. Estas cosas se mencionan a menudo como cualidades distintivas de los verdaderos santos y como una gran parte de su carácter. "Bienaventurados los que lloran, pues ellos serán consolados" (Mt 5:4)».[73]

Muchas cosas en este mundo caído buscan desviar los afectos amorosos del cristiano de la gloria y la hermosura de Dios en Cristo Jesús, como se ha mencionado brevemente antes. Hay muchos elementos que compiten por nuestros afectos. En su libro *The Travels*

---

[72] Jonathan Edwards, 102-103.
[73] Jonathan Edwards, 105.

of True Godliness [*Los viajes de verdadera piedad*], Benjamin Keach narra una historia alegórica sobre un hombre llamado «*verdadera piedad*». Keach describe a los enemigos de *verdadera piedad*: incredulidad, orgullo, vanagloria, formalismo, hipocresía, oposición, herejía, superstición, idolatría, prosperidad, persecución, ignorancia, celo ciego, esperanza vana, pereza y holgazanería, avaricia, costumbre, justicia propia, presunción, desesperación, temor servil, placer sensual y apostasía.[74] Keach relata cómo *verdadera piedad* llega a una ciudad dentro de los límites de Babilonia y visita la casa de un hombre llamado Riquezas, donde encuentra muchas conversaciones mundanas mientras toca la puerta repetidamente.[75] Keach describe que *verdadera piedad* es objeto de abusos por parte de Riquezas, Temeroso, Esperanza Vana y otros, mientras insiste en llamar a la puerta de Riquezas.[76] El mensaje de Keach es claro: la verdadera piedad es incompatible con afectos que se aferran al mundo y a los valores del sistema caído de Babilonia, lo que bien sabemos puede seducir incluso a los más piadosos. ¿Cómo puede el cristiano, por la gracia de Dios, protegerse de todos los lazos, trampas y seducciones del temor al hombre? ¿Debemos, como los ascetas, castigar nuestra mente y nuestro cuerpo cuando nos desviamos hacia ambiciones impías? Cristo claramente aboga por poner límites al pecado en Mateo 5; sin embargo, según Edwards, la solución fundamental para unos afectos desviados y el abandono del temor de Dios, consiste en contemplar a Cristo y llenar nuestra mente con la gloria de Dios revelada en las Escrituras. Él escribe:

---

[74] Benjamin Keach, *The Travels of True Godliness* [*Los viajes de verdadera piedad*] (Dominio público, 1831), capítulo III.

[75] Benjamin Keach, capítulo IV.

[76] Benjamin Keach.

Al regocijarse con este gozo (el gozo en Cristo), sus mentes se llenaban, por así decirlo, de un resplandor glorioso, y sus naturalezas eran exaltadas y perfeccionadas: era un regocijo sumamente digno y noble, que no corrompía ni degradaba la mente, como lo hacen muchos gozos carnales, sino que la embellecía y ennoblecía grandemente. Era un anticipo del gozo del cielo, que elevaba sus mentes a un grado de bienaventuranza celestial; llenaba sus pensamientos con la luz de la gloria de Dios y hacía que ellos mismos resplandecieran con cierta comunicación de esa gloria.[77]

Edwards presenta el ejemplo bíblico de meditar en Cristo con la mente, el llenar la mente con la gloria de Dios, como el medio que Dios utiliza para resplandecer en nosotros y transformarnos.

Las Escrituras confirman el enfoque de Edwards en muchos puntos. Una de las declaraciones más poderosas se encuentra en 2 Corintios 3:18, cuando Pablo dice: «Pero todos nosotros, con el rostro descubierto, *contemplando como en un espejo la gloria del Señor, estamos siendo transformados en la misma imagen de gloria en gloria*, como por el Señor, el Espíritu». Edwards resalta la verdad que Pablo comunica aquí cuando escribe: «Las doctrinas de las que hablo son aquellas, según las cuales los cristianos viven por fe y no por vista; le dan gloria a Dios confiando en Él en la oscuridad; viven de Cristo, y no de sus experiencias; no hacen de sus buenos estados de ánimo la base de su fe; doctrinas que en verdad son

---

[77] Jonathan Edwards, 95.

excelentes e importantes».[78] Pablo vincula la transformación a la semejanza de Cristo (en esencia, el crecimiento en el temor de Dios), con la contemplación de la gloria del Señor Jesús. La palabra «gloria» traduce el término griego *doxa*, que representa el peso de quién es Cristo Jesús y lo que Él ha hecho para nuestra salvación. Edwards explica esta misma verdad llamándola «vivir de Cristo». La solución para que los cristianos reorienten sus temores y afectos es pasar más tiempo contemplando a Cristo desde y en la Palabra, meditando en Él a partir de las Escrituras, pensando menos en sí mismos y más en Cristo, y teniendo comunión con Él en oración. La respuesta es, simplemente, enfocarse en la gloria de Cristo.

En este punto, es importante afirmar, conforme a las Escrituras en Efesios 2:1-4, que solo Dios puede producir tal cambio. Estamos espiritualmente muertos hasta que Dios nos da vida, y una vez que Él nos da vida, nos hace crecer mediante Su Palabra por medio del Espíritu Santo. No podemos cambiarnos a nosotros mismos, pero Dios ha prometido santificarnos por medio de Su Palabra (Jn 17:17), particularmente, cuando contemplamos al Hijo de Dios a través de Su Palabra (2Co 3:18). Un comentarista lo expresó de esta manera: «Los creyentes, aquellos que se han vuelto al Señor, tienen el velo removido de sus mentes, y así, con el rostro descubierto, reflejan (o tal vez contemplan) la gloria del Señor, y al hacerlo, están siendo transformados a Su semejanza».[79] Otro comentarista lo explicó así: «Los cristianos, con el rostro descubierto, contemplan en el espejo del evangelio la gloria del Señor, quién es Cristo... Pablo

---

[78] Jonathan Edwards, 175.

[79] Colin G. Kruse, «Second Corinthians» [«Segunda de Corintios»], en *New Bible Commentary: 21st Century Edition* [*Nuevo comentario bíblico: Edición del siglo veintiuno*], eds. D.A. Carson, R.T. France, J.A. Motyer, & G. J. Wenham (Downers Grove, IL: Inter-Varsity Press, 1994).

ANEXO UNO

concluye señalando que la transformación progresiva del carácter del cristiano es obra del Señor, que es el Espíritu. Después de la conversión, hay liberación por medio del Espíritu de Dios y transformación por medio del Espíritu».[80]

Ambos comentaristas destacan cómo la Palabra revela que Dios Espíritu Santo, quien habita en el cristiano, transforma sus afectos. A medida que los cristianos contemplan la verdad de Cristo, revelada en las Escrituras, son transformados por la obra interna del Espíritu Santo, lo cual profundiza su amor por Cristo y, por tanto, los lleva a temer al Señor correctamente.

Pablo describe este proceso de otra manera en Romanos 12:2, después de haber dedicado once capítulos a exponer las doctrinas de la fe cristiana. Declara: «Y no se adapten a este mundo, *sino transfórmense mediante la renovación de su mente*, para que verifiquen cuál es la voluntad de Dios: lo que es bueno y aceptable y perfecto» (énfasis añadido). Pablo deja claro que la renovación de la mente transforma al cristiano. Recuerda que este mismo Pablo dijo en 2 Corintios 3:18, que el Espíritu Santo transforma al cristiano cuando contempla la gloria del Señor Jesús. Es la persona y la obra de Cristo, tal como Pablo las expone en Romanos 1–11, lo que cambia la mente de los cristianos en Roma, de modo que puedan discernir la voluntad de Dios en el mundo. Los cristianos deben pensar y meditar en la gloria de Cristo a la luz de la Sagrada Escritura. Según nos indica 1 Corintios 1:30, estamos «en Cristo Jesús, el cual se hizo para nosotros sabiduría de Dios, y justifica-

---

[80] Murray H. Harris, «Second Corinthians [«Segunda de Corintios»], en *The Expositor's Bible Commentary, Abridged Edition: New Testament* [*Comentario bíblico del expositor, edición qbreviada: Nuevo Testamento*], Kenneth L. Barker, John R. Kohlenberger III (Grand Rapids: Zondervan, 2004).

ción, *santificación* y redención» (énfasis añadido). Cristo es nuestra santificación. Solo cuando el cristiano conoce a Cristo mediante la Palabra y medita en Él por medio de esa Palabra, será transformado de gloria en gloria. Solo un corazón cautivado por Cristo será reorientado para andar en el temor del Señor.

La falta de temor del Señor es la razón por la cual muchos no prestan atención a la Biblia ni obedecen sus mandamientos en todas las áreas de la vida, incluida la crianza de los hijos. Cuanto más centrados estén nuestros afectos en Cristo, más lo reverenciaremos y contemplaremos. El efecto de esto será un crecimiento en nuestro amor por Él, y por tanto, viviremos nuestra vida y criaremos a nuestros hijos conforme a Su Palabra. Lo amamos. Le tememos. Confiamos en Él. Por eso, criamos según Su Palabra.

Recuerda, en nuestra crianza, el temor del Señor es el principio de la sabiduría.

ANEXO DOS

LA ADORACIÓN FAMILIAR EXPLICADA MÁS A FONDO (UNA GUÍA PRÁCTICA PARA LA ADORACIÓN FAMILIAR)

La adoración familiar se ha perdido en gran parte de la iglesia en Occidente. Es cada vez más raro que los esposos lean las Escrituras, oren y canten junto con sus esposas. Que los padres enseñen y catequicen a sus hijos se ha vuelto más una anomalía que una norma. Recuerda que la adoración familiar, como se definió anteriormente en el libro, es el tiempo constante y apartado en el que una familia lee la Palabra, aprende las doctrinas de la Palabra, ora a partir de las verdades de la Palabra y canta la Palabra para la gloria de Dios.

También es útil recordar nuestra herencia cristiana respecto a la adoración familiar. Históricamente, una de las principales maneras cómo los padres y madres en la iglesia han formado a sus hijos, es a través de la adoración en familia. John Shower, un puritano citado en el capítulo cuatro, escribe: «Antes de la entrega de la ley a Moisés, ¿cómo era adorado Dios, sino dentro de cada familia? La adoración familiar fue el primer tipo de adoración social».[81] En Deuteronomio 6:4-9, leemos las expectativas de Dios para las familias que creían en Él:

---

[81] John Shower, *Family Religion*, 183.

> Escucha, oh Israel, el Señor es nuestro Dios, el Señor uno es. Amarás al Señor tu Dios con todo tu corazón, con toda tu alma y con toda tu fuerza. Estas palabras que yo te mando hoy, estarán sobre tu corazón. Las enseñarás diligentemente a tus hijos, y hablarás de ellas cuando te sientes en tu casa y cuando andes por el camino, cuando te acuestes y cuando te levantes. Las atarás como una señal a tu mano, y serán por insignias entre tus ojos. Las escribirás en los postes de tu casa y en tus puertas.

Dios establece que la familia debe ser un lugar donde la Palabra de Dios reine en los corazones y vidas de Su pueblo. Deben hablar de la Palabra de Dios constantemente. Deben atarla en sus manos y colocarla en los postes de sus puertas. Deben ser unidades familiares saturadas de la Palabra de Dios. ¿Cómo hablaban de esto? Probablemente, el esposo/padre, como líder del hogar y conforme a su rol creado en Génesis 2, tenía un papel fundamental en este proceso. El esposo/padre debe guiar a su familia en las Escrituras y en la doctrina, asegurándose de que su familia fuera instruida en la fe que una vez fue dada a los santos (Ef 5:25-27; 6:4).

La adoración familiar es una herramienta valiosa que Dios ha utilizado para cumplir la tarea establecida en Deuteronomio 6:4-9, y extendida en Efesios 6:4. La salud de las familias tiene un efecto directo en las iglesias y en todas las civilizaciones. William Gearing escribe:

> No es tanto que se opongan a este deber, sino más bien que la falta de voluntad o la negligencia hacen que los

hombres sean descuidados en la adoración familiar. La práctica viva y constante de los deberes familiares es un medio principal para mantener el poder y la influencia de la piedad en el mundo, la cual decae cuando estos deberes se vuelven muertos, superficiales o formales. Aquellas familias en las que se realiza este servicio a Dios son, por así decirlo, pequeñas iglesias, sí, incluso una especie de paraíso en la tierra.[82]

William Gearing señala que las familias saludables, donde se lleva a cabo la adoración familiar, pueden ser un pequeño paraíso en la tierra; familias donde la Palabra de Dios y el conocimiento de Él son la búsqueda suprema. La adoración familiar es una manera práctica de cumplir la exhortación y expectativa bíblica de instruir a los hijos y centrar la familia en la Palabra. Dicho esto, puede ser útil profundizar un poco más en cómo llevar a cabo esta práctica. En el capítulo cuatro de este libro ofrecí un resumen, muy breve, sobre cómo hacer la adoración familiar, basado en un libro que escribí titulado *A Family Journey Through Doctrine* [*Un viaje familiar a través de la doctrina*]. Quiero aclarar desde ahora que no argumento que deba hacerse precisamente de esta manera. Mi intención es compartir cómo mi familia y yo hemos aplicado los mandatos bíblicos de enseñar a nuestros hijos las verdades de las Escrituras, con la esperanza de que esto pueda ayudarte en tu búsqueda por obedecer la Palabra de Dios en este aspecto.

---

[82] William Gearing, *Sacred Diary* [*Diario sagrado*], 71, en *Ore from the Puritans' Mine*, Dale W. Smith (Grand Rapids: Reformation Heritage, 2020), 183.

Como dice el dicho: «Come la carne y escupe los huesos», o más bíblicamente: «Examínenlo todo cuidadosamente, retengan lo bueno» (1Ts 5:21). A continuación, presento el formato que compartí anteriormente, el cual está ampliado en este anexo con la esperanza de que te sea útil, estimado lector, mientras procuras llevar a cabo la adoración familiar de manera fiel para la gloria de Dios.

CÓMO MI FAMILIA Y YO REALIZAMOS LA ADORACIÓN FAMILIAR

Oración inicial (2 minutos)[83]

Tómense un momento para buscar a Dios en oración. Tal vez sea sabio pedirle a Dios que abra Su Palabra a ti y a tu familia, que les muestre Su gloria. Sabemos que Dios es quien nos da entendimiento y nos transforma por medio de Su Palabra (Jn 17:17; 2Co 3:18). Asimismo, mi esposa y yo usamos este momento para orar por la salvación de nuestros hijos, pidiendo que Dios los llame y los salve. Estamos rogando a Dios que bendiga este tiempo de adoración familiar con ese propósito.

Lectura de la Escritura (5 minutos)

Elige un libro de la Biblia que sea útil considerando el estado espiritual actual de tu familia. Por ejemplo, si tienes niños pequeños, podría ser provechoso comenzar con un estudio de Génesis para establecer fundamentos sólidos. Al leer la Escritura, puedes decir algo como: «Vamos a abrir nuestras Biblias en Génesis 1:1-2. Lea-

---

[83] Las categorías de la adoración familiar están adaptadas de *A Family Journey Through Doctrine*, Justin Miller (Eugene, OR: Resource, 2021), adaptado y modificado el 1 de octubre de 2022 y 4 de diciembre de 2024.

mos el texto. Antes de hacerlo, ¿quién es el autor humano? Moisés. ¿A quién está escribiendo? A Israel en el desierto. ¿Cuál es el propósito de Génesis? Es un libro de los comienzos: del mundo, de la humanidad, de la caída y del diluvio. También marca el inicio del pueblo de Israel con el llamado de Abraham. Leamos Génesis 1:1-2». Luego, lean el pasaje juntos y haz un resumen sencillo para que toda la familia lo entienda.

Conversen sobre la Escritura (5 minutos)

Después de leer el pasaje bíblico, puedes hacer las siguientes tres preguntas a tu familia: 1. ¿Cuál es el punto principal del texto?, 2. ¿Qué me enseña este pasaje acerca de Dios?, 3. ¿Qué significa este texto? La idea es animar a tu familia a interactuar con la Palabra. Reflexionen juntos sobre el significado del texto y luego conversen acerca de cómo se aplica a sus vidas. Recuerda: el texto tiene una sola interpretación, pero puede tener muchas aplicaciones prácticas.

Memoricen la Escritura (2 minutos)

Una vez que hayan leído y conversado el pasaje, es útil dedicar un momento para memorizar un versículo. En nuestra familia, escogemos versículos que sean útiles para nuestros hijos en diferentes etapas de la vida. Los llamamos «versículos de batalla» (por ejemplo: Ro 10:13; 8:28; Jn 1:1-4; 2Co 3:18; Heb 4:15; Heb 10:24-25; 1Jn 1:8-9; 1Jn 2:1-2, entre otros). La mejor manera de hacerlo es escoger un versículo y leerlo juntos dos o tres veces cada día hasta que empiece a grabarse en la memoria. A veces esto toma de dos a cuatro semanas. Una vez que los niños y la familia lo memoricen, pueden recitarlo durante el tiempo de adoración familiar por una o dos semanas para reforzarlo.

Doctrinas de la Escritura (2 minutos)

Esta parte de la adoración familiar incluye el uso de un catecismo. Un catecismo es un método de enseñanza en formato de pregunta y respuesta que busca instruir en las doctrinas fundamentales de la fe cristiana. El *Catecismo Bautista*, el *Catecismo de Heidelberg*, y el *Catecismo Menor de Westminster* son buenas opciones. A continuación, presento un catecismo que elaboré personalmente para el uso durante la adoración familiar:

Catecismo de Justin[84]

- ¿Qué es la adopción?
  Ser incorporado a la familia de Dios por medio de Jesús.
- ¿Qué son los ángeles?
  Seres espirituales creados por Dios.
- ¿Qué es la iglesia universal (invisible)?
  Todos los que han sido salvos en Jesús a lo largo de todos los tiempos.
- ¿Qué es la eclesiología?
  La doctrina de la iglesia.
- ¿Qué es la elección?
  Dios escogió a un pueblo para salvación desde antes del tiempo.

---

[84] Algunas de las definiciones han sido tomadas y adaptadas de *A Family Journey Through Doctrine*, Justin Miller.

- ¿Qué es la escatología?
  La doctrina de los últimos tiempos.
- ¿Qué es la expiación?
  Jesús quita la culpa y cubre el pecado de Su pueblo mediante Su sacrificio.
- ¿Qué es la fe?
  Confianza en la persona y obra de Jesús únicamente para salvación.
- ¿Cuáles son las cuatro instituciones creadas por Dios?
  La conciencia, la familia, el gobierno y la iglesia.
- ¿Qué es la glorificación?
  Ser perfeccionado a la imagen de Jesús.
- ¿Qué es el evangelio?
  Las buenas noticias de la vida, muerte, resurrección y ascensión del Señor Jesús.
- ¿Qué es la gracia?
  La bondad y el favor inmerecidos de Dios.
- ¿Qué significa que Dios es Santo?
  Que Dios está separado de Su creación; es completamente puro y sin pecado.
- ¿Qué es la impasibilidad de Dios?
  Dios no tiene pasiones humanas; Él posee perfecciones inmutables.
- ¿Quién es Jesús?
  Jesús es verdaderamente Dios y verdaderamente hombre. Nació de la Virgen María. Vivió una vida perfecta y sin pecado. Murió en la cruz por los pecados de Su pueblo. Fue sepultado. Resucitó de entre los muertos al tercer día.

Cuarenta días después ascendió al cielo. Se sentó a la derecha de Dios Padre. Él y el Padre enviaron al Espíritu Santo. Recibimos el regalo de la salvación por la gracia de Dios al arrepentirnos del pecado y confiar en Jesús.

- ¿Qué es la justificación?
Ser declarado justo ante Dios por medio de Jesús.
- ¿Qué es la iglesia local?
La reunión de los redimidos de Dios en un lugar específico cada Día del Señor.
- ¿Qué es el matrimonio?
Una unión pactual entre un hombre y una mujer, establecida delante de Dios y reconocida por la autoridad civil.
- ¿Qué significa la omnipotencia de Dios?
Que Dios es todopoderoso.
- ¿Qué significa la omnipresencia de Dios?
Que Dios está completamente presente en todo lugar en todo momento.
- ¿Qué significa la omnisciencia de Dios?
Que Dios lo sabe todo.
- ¿Qué es el Ordo Salutis?
El orden de la salvación. Incluye: elección, llamamiento eficaz, regeneración, conversión/fe, justificación, adopción, santificación y glorificación.
- ¿Qué es la perseverancia de los santos?
Todos los que Dios salva jamás se perderán, sino que perseverarán hasta el fin.

- ¿Qué es la propiciación?
  Jesús satisfizo la ira de Dios por los pecadores que creen en Él.
- ¿Qué es la regeneración?
  Dios Espíritu Santo da vida espiritual al pecador.
- ¿Qué es la santificación?
  Ser transformado cada día más a la imagen de Cristo.
- ¿Qué es la simplicidad de Dios?
  Dios es espíritu, perfecto y sin partes.
- ¿Qué es el pecado?
  Toda transgresión contra la ley de Dios.
- ¿Qué es la soteriología?
  La doctrina de la salvación.
- ¿Qué es la depravación total?
  Toda la humanidad hereda la naturaleza pecaminosa y la culpa de Adán.
- ¿Qué es la Trinidad?
  Un solo Dios en tres personas.
- ¿Cuáles son los atributos de Dios?
  Las descripciones del carácter de Dios.
- ¿Qué es un pacto?
  Un acuerdo entre Dios y el hombre confirmado con un juramento.
- ¿Qué es la Biblia?
  La Palabra de Dios inspirada, inerrante y suficiente.
- ¿Qué es la creación?
  Todo el universo y lo que hay en él.

- ¿Cuál es la cúspide de la creación de Dios?
  La humanidad, hecha a imagen de Dios.

Aprender el Padre Nuestro y los Diez Mandamientos en forma resumida también es muy útil, ya que permite que estos estén siempre disponibles para ser recordados con facilidad.

El Padre Nuestro
Padre nuestro que estás en los cielos,
Santificado sea Tu nombre.
Venga Tu reino.
Hágase Tu voluntad,
Así en la tierra como en el cielo.
Danos hoy el pan nuestro de cada día.
Y perdónanos nuestras deudas, como también nosotros hemos perdonado a nuestros deudores.
Y no nos dejes caer en tentación, sino líbranos del mal.

Los Diez Mandamientos
(Ex 20:1-20)
1. No tengas otros dioses delante de Mí.
2. No te hagas ídolos de ninguna clase.
3. No tomes el nombre del Señor en vano.
4. Acuérdate del día de reposo para santificarlo.
5. Honra a tu padre y a tu madre.
6. No matarás.
7. No cometerás adulterio.
8. No robarás.

ANEXO DOS

9. No darás falso testimonio.
10. No codiciarás.

Canta la verdad bíblica (3 minutos)
Esta parte de la adoración familiar consiste en cantar las verdades de la Escritura. Cuando comenzamos a practicar la adoración familiar, nos enfocamos en himnos que fueran fáciles de aprender. Aprendimos *Sublime gracia, Santo, santo, santo*, la *Doxología* y el *Gloria patri*. La idea es cantar verdades de la Palabra de Dios para la gloria del Dios Trino. Colosenses 3:16 dice: «Que la palabra de Cristo habite en abundancia en ustedes, con toda sabiduría enseñándose y amonestándose unos a otros con salmos, himnos y canciones espirituales, cantando a Dios con acción de gracias en sus corazones».

Ora la verdad (2 minutos)
La última parte de la adoración familiar es cerrar el tiempo juntos en oración. Usualmente, dejo que uno de mis hijos dirija esta oración siguiendo el siguiente formato:

a. Alabanza (reconociendo los atributos de Dios y dándole gloria).
b. Petición (pidiendo perdón a Dios por el pecado y presentando nuestras necesidades según Su voluntad y para Su gloria).
c. Acción de gracias (agradeciendo a Dios por Su gracia y alabándolo).[85]

---
[85] Justin Miller.

Pensamientos finales

Una vez más, no estoy diciendo que la manera cómo mi familia hace la adoración familiar sea la mejor. Pero si algo de lo anterior te resulta útil mientras tú y tu familia practican la adoración familiar, doy gracias a Dios por Su gracia al permitir que pueda ser de bendición para otro hermano o hermana en la fe. Mi deseo y oración es que este anexo pueda serte de ayuda en tu práctica de la adoración familiar. La adoración familiar no es fácil. Hay días en que parece que no se avanza con niños pequeños o adolescentes poco cooperativos. Pero recuerda, querido lector, que la Palabra de Dios nunca vuelve vacía. Por eso, haz de ella el centro de tu hogar mediante la adoración familiar.

> Porque como descienden de los cielos la lluvia y la nieve,
> Y no vuelven allá sino que riegan la tierra,
> Haciéndola producir y germinar,
> Dando semilla al sembrador y pan al que come,
> Así será Mi palabra que sale de Mi boca,
> No volverá a Mí vacía
> Sin haber realizado lo que deseo,
> Y logrado el propósito para el cual la envié (Is 55:10-11).

Que Dios nos conceda la gracia para vivir lo que escribe Joseph Alleine:

> Quien ha establecido a Cristo en su corazón, se esforzará por establecerlo en su casa. Que cada familia entre ustedes sea una iglesia cristiana (1Co 16:19), cada hogar

una casa de oración. Que cada cabeza de familia diga con Josué: «Yo y mi casa, serviremos al Señor» (Jos 24:15), y decida junto con David: «En la integridad de mi corazón andaré dentro de mi casa» (Sal 101:2).[86]

---

[86] Joseph Alleine, *Alarm to the Unconverted* [*Una alarma para los no creyentes*], 231, in: *Ore from the Puritans' Mine*, Dale W. Smith (Grand Rapids: Reformation Heritage, 2020), 183.

OTROS TÍTULOS DE
GRACIA SOBRE GRACIA

¿Cómo ir a Dios?
Horatius Bonar

Horacio Bonar enseña que debemos acercarnos a Dios tal como somos. Con un tono amoroso y serio, llama a humillarse ante el Salvador y recibirlo libremente, recordando que Cristo es todo y que lo que el hombre no puede lograr por esfuerzo se recibe como un don en Él.

Que las mujeres guarden silencio en la iglesia
B. B. Warfield

B. B. Warfield afirma que, aunque pueda gustar o no, las palabras de Pablo sobre el silencio de las mujeres en la iglesia son inequívocas. Recuerda a los creyentes que el cristianismo no se adapta a lo que cada uno quiera, sino que es la religión de Dios, cuyas leyes se reciben por medio de los apóstoles.

La historia de los puritanos
Erroll Hulse

El libro de Erroll Hulse ofrece una síntesis de la época puritana, cuando hombres piadosos aplicaron las Escrituras con rectitud y dieron su vida por Cristo. Presenta cómo la Reforma alcanzó su madurez en el movimiento puritano y muestra el legado perdurable de sus vidas y escritos como testimonio del poder transformador de la verdad de Cristo.

Cómo podemos leer las escrituras con mayor provecho espiritual
Thomas Watson

En este libro, Thomas Watson enseña que la lectura de la Biblia debe hacerse con el propósito de obtener fruto espiritual y no solo admiración. Afirma que las Escrituras son el medio más fundamental para fortalecer el alma y avivar el corazón. Con un estilo teológico, devocional y práctico, Watson anima a leer la Palabra de manera correcta para instruir la mente y el corazón. Esta obra, clara y accesible, resulta provechosa tanto para la lectura personal como para devociones familiares y estudios en grupo.

Miel que sale de Cristo la Roca
Thomas Wilcox

Thomas Wilcox presenta a Cristo como la única roca firme y fundamento de la vida espiritual. Enseña que todo lo del viejo Adán debe rendirse a Sus pies y que toda gloria pertenece a Él, la piedra angular y plenitud de gracia del Padre. El creyente puede acudir a Cristo en toda necesidad, hallando en Él el remedio perfecto. Con tono pastoral y devocional, el autor ofrece consejos prácticos para conducir al lector a experimentar a Cristo como miel que fortalece el alma y alegra el corazón.

La justicia eterna
Horatius Bonar

En *La justicia eterna,* Horatius Bonar reflexiona sobre el misterio del evangelio: Dios es justo y, a la vez, justificador de los pecadores por medio de la obra expiatoria de Cristo. A través de la cruz, la justicia perfecta de Dios no se opone a la salvación, sino que la garantiza. Bonar muestra que esta verdad no es teórica, sino profundamente personal: el creyente puede acercarse con confianza a Aquel que aborrece el pecado, restaurar la comunión perdida y adorarle en santidad sin ser apartado de Su presencia.

www.ingramcontent.com/pod-product-compliance
Lightning Source LLC
Chambersburg PA
CBHW032037040426
42449CB00007B/925